学びあいの場が育てる
地域創生

遠野みらい創りカレッジ

樋口邦史・保井美樹＝著

文化とまちづくり叢書

産官学民の協働実践

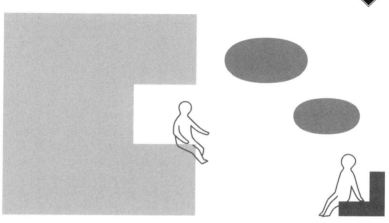

水曜社

学びあいの場が育てる地域創生

産官学民の協働実践

本書刊行に当たって

　東日本大震災の被災地では、復興の象徴でもあった臨時の復興商店街が徐々に姿を消し、市街地の再整備が進んだかのように見えます。しかし、空き地が点在する旧商店街には、人の姿もまばらです。

　沿岸地域では、港湾整備にほぼめどが立っています。そこでは荷揚げ作業や加工所への搬送が忙しく行われており、港としての機能が回復してきました。しかし、その一方で、仮設住宅で暮らす人々の、高台などの再整備された区域の公営復興住宅への移転は、未だ60％程度（2016年9月現在）と遅々として進んでいないのが実情です。コミュニティ再生や、安全安心な医療・福祉環境確保などの"暮らしの復興"が基本的課題となっているのです。被災地の復興はまだこれからです。

　この間、多くの企業や大学が、被災地を何度となく訪れてきました。しかし、残念ながら解決すべき課題に到達できないまま時間が経過し、企業の個別支援活動等が被災地域の再生という成果に結びついてきませんでした。そして、今では復興支援活動を継続して実施している組織は数えるほどです。災害の記憶が徐々に薄れていく中で多くの課題を残しつつ、私たちは2020年のオリンピックイヤーをどのような気持ちで迎えればよいのでしょうか？

　東日本大震災では、なんといっても津波による広範囲での人的及び社会的生活基盤の被害が甚大でした。このような災害では、自治体の危機管理や情報伝達機能が的確に働いたかどうかが、いつもとりざたされます。自治体間はもちろんのこと、民間施設と協調した危機管理や情報交換によって被害が最小化された例もあるからです。

　しかし、岩手県を中心とした沿岸被災地域は、被災直後からなぜ近隣の沿岸地域から支援や救済の情報が入らないのか、不安や不信に感じられたといいます。今回のような同時的かつ大規模な災害の場合、被災範囲が広大且つ甚大であることから、通常想定している近隣市町村との危機管理連携や情報交換が機能しなかったのです。後方支援機能をより一層高度化させない限り同様の事象が発生し、効果的な救援や救済が不可能になることが浮き彫りと

なったと言わざるを得ません。

　災害の復興研究を進めるうちに、同時的かつ大規模な災害の場合、広域を
カバーする後方支援活動拠点の果たす役割が、大変重要であることが判って
きました。遠野の人「山奈宗眞*¹（1847-1909）」は、1896年（明治29年）6月
15日に「明治三陸地震」が発生すると、自主的にその調査に乗り出しました。
そして、岩手県の政治の中心地である盛岡の県令と連絡を密にして、沿岸被
災地に対する後方支援の在り方を徹底的に研究した成果は、驚きを持って後
世に伝えられています。

　今回の震災においても、遠野市では震災前から地域防災計画を策定し、災
害対応に備えていました。そして、3.11の発災直後から、毎日朝夕2回、市職
員によるミーティングを持ち、最新の情報や活動内容を十分に共有すること に
務められました。その結果、遠野市災害対策本部の後方支援活動は、被災地
をはじめ各方面から賞賛を以て高く評価されています。先人の知恵が確実に
伝承され、被災地救済のための実践的な活動が的確に実施されたのです。

　実は、遠野市は過去の経験を踏まえ、平成19年から地理的特性を生かして、
市を中心とした半径50km圏内の自治体をつなぐ「地震・津波災害における
後方支援拠点施設整備構想」を実現すべく、国や県に具体的な整備の要望
を提案していました。それは、甚大な被害によって被災自治体の行政機能が
完全に喪失した状況下において、遠野市が後方支援拠点として重要な「人、
モノ、情報」の集積拠点として有効に機能することを想定した提案でした。そ
して、その提案が受け入れられ、防災センターと運動公園（市内青笹地区）を
拠点とする整備が進められました。そして、ここを拠点として平成19年、20
年に実施された、自衛隊、警察、消防、市民が参加した大規模訓練の経験が、
東日本大震災で生かされることとなったのです。（図表1参照）

　遠野みらい創りカレッジを誕生させることとなった産官学民連携による協働
的な実践活動は、この後方支援拠点遠野市の果たした役割を研究すること か
ら始まりました。

　しかし、沿岸部への支援を継続することは、それだけ遠野市自身の政策実
現活動への手を止めることになります。実際、身を粉にして支援に徹してきた
コミュニティ組織は、自らの将来に対する不安が募り、自治体との間で政策に

関しての意見の違いが表面化しかねない状況となっていました。

そこで、2013年には、行政側から新しいまちづくりの指針が市民に発信され、「進化し続けるまちづくり、総合力で元気再生」がスローガンとされました。しかし、短期的には「SL停車場プロジェクト推進事業」などが提示されてはいるものの、少子化対策、魅力溢れる教育環境創り等々、多くの課題が山積していたのです。

企業や研究団体がそうした課題に向き合うためには、コミュニティに深く入り込み、連携や交流を通してその本質を見極め、解決に向けて関与者と同じ目線で取組まなくてはなりません。また、山積する課題に向き合うと同時に、真に取り組むべき課題を抽出して、その解決に向けて関係者の総意を形成することが必要となります。私たちの遠野でのみらい創りへの"はじめの一歩"も、決して容易なものではありませんでした。遠野市が取り組むべき課題が、はっきりと掴めていたわけではなかったからです。

図表1 後方支援拠点としての遠野市の位置づけ（国交省、遠野市、東洋大学資料から抜粋）

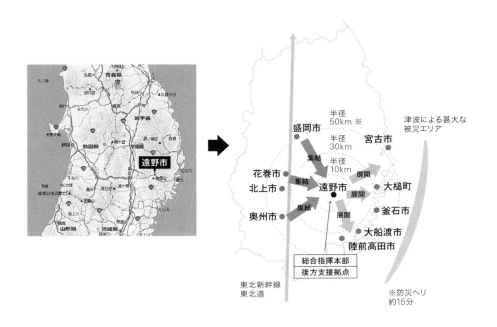

私たちが遠野市でのみらい創りに取組みはじめた頃、初めにコンタクトとさせていただいたのが「産業振興部 連携交流課」というセクションでした。「連携交流課」は、課長の石田久男氏（現市民センター所長）のリーダーシップのもと、教育・文化・産業・観光など、遠野市としての重点政策について他の自治体や市内外の企業、そして大学や研究機関との連携を目的として業務に当たられていました。その中心的な業務は、重要政策（近年ではまち・ひと・しごと総合戦略などが中心）を推し進めるための、外部団体や機能と交流を進めるという、一種のハブ機能を果たすことでした。

　企業として連携交流を深めるという作業や行為は、企業同士での研究開発の機会など、期間や予算を限定したプロジェクト活動の場で実施されることが殆どです。しかし、被災地を支援する活動を実践されている行政組織と連携と交流を重ねて、プロジェクト的な活動を進めていくのは初めてのことでした。

　振り返って見ますと、私たちが遠野市での協働的な実践活動を進める過程で、この組織と人を中心に関係性を構築し、コミュニティ組織とともに真の課題の特定と改善策の検討・実施に取り組んだことが、遠野みらい創りカレッジを生み出す要因となったことは間違いないでしょう。行政を巻き込んだ、産官学民の組織的な活動が、より具体的な実践活動となって具現化したのです。その活動のプロセスと現在の協働的な実践活動は、序文並びに本文で順序立ててご紹介いたします。

　さて、2015年9月、初めて遠野みらい創りカレッジとして編著した『地域社会の未来をひらく』を出版することができました。そこでは、はじめに私たちが出会った遠野の人々の暮らし方、考え方、そして古くから育まれてきた貴重な文化や自然を紹介しました。そして、なぜ企業が遠野市を訪れることになり、行政やコミュニティと共同でカレッジを創ったのか、どのようなプロセスで創られたのか、どのような技術を活用したのか、についてご紹介することができました。そしてその後、ありがたいことに、多くの方々がカレッジで学びあい、貴重な体験を日常の活力に変えていただいています。更に、カレッジには多くのご見学者が訪れ、またあらゆる方面から様々なお問い合わせを頂戴することとなりました。

　そこで本書では、前著ではお伝えできなかったカレッジの詳細な設立過程

で実際に活用した技術、そこで取り組まれているデザインとプログラム、そして協働して進められているいくつかの研究活動と今後の展開を具体的に表すことといたしました。

　現在、全国で地域創生を目指した「場」創りがなされていると聞いています。そうした活動の一助になれば幸いです。

一般社団法人 遠野みらい創りカレッジ代表理事　樋口 邦史

注：

＊1　1847年（弘化4年）生まれの遠野の企業家。維新後は牛馬の育成や養蚕を研究し、製糸場・私設農業試験所の開設や、当時全国唯一の私立図書館とされた信成書籍館の設置にも尽力した。

目次

本書刊行に当たって

序章
地域社会との協働 13

1章
地域との関係性創りに必要な技術 21

1 ▶ 人を中心とした地域との関係性創り 22
2 ▶ コミュニケーション技術とは 23
3 ▶ コミュニケーションの素となる「実践知」 24
4 ▶ コミュニケーションから生み出される「集合知」 25
5 ▶ コミュニケーションの果たす役割 26
6 ▶ 「実践知」を集合化するテクニカルプロセス 27
7 ▶ 集合化された「実践知」を進化、活性化させるテクニカルプロセス 29
8 ▶ カレッジ設立に必要なコミュニケーション・プロセス 32
9 ▶ 「みらい創り」活動に必要不可欠な人々 37
10 ▶ 閉校活用とコンセプト創造 41

2章
関係者の共通価値を創造する
「協働的実践プログラム」 45

1 ▶ 共通価値とは何か 46
2 ▶ 共通価値中心設計と実践的な活動例 47
　　・事例① —— 「みんなの未来共創プログラム」の開発と実践 50
　　・事例② —— 大学生の主体的な活動を支援するプログラム開発と実践 54
　　・事例③ —— 災害時後方支援拠点自治体研究会のプログラム開発 57

3 ▶ 東京大学との協働的な実践活動 ⋯⋯⋯⋯⋯ 60

4 ▶ 共通価値の創造を目指した Field Work ⋯⋯⋯⋯⋯ 62

5 ▶ 地域社会との協働的実践活動から生み出される価値 ⋯⋯⋯⋯⋯ 63

6 ▶ TISPと「みらい創り」の相互作用 ⋯⋯⋯⋯⋯ 66

7 ▶ TISPと「みらい創りカレッジ」が持つ「場」のちから ⋯⋯⋯⋯⋯ 68

3章

遠野から南足柄へ、
「みらい創り」活動はこうすすめる ⋯⋯⋯⋯⋯ 73

1 ▶ 新たな災害時後方支援拠点の開発 ⋯⋯⋯⋯⋯ 74

2 ▶ 遠野市に習った南足柄市での「みらい創り」活動 ⋯⋯⋯⋯⋯ 76

3 ▶ 新たな関係性の構築のための準備 ⋯⋯⋯⋯⋯ 78

4 ▶ 始動、南足柄みらい創りプロジェクト ⋯⋯⋯⋯⋯ 79

5 ▶ コミュニケーション・コーディネーターの実践手順 ⋯⋯⋯⋯⋯ 80

6 ▶ コミュニケーション技術を用いた課題の発見 ⋯⋯⋯⋯⋯ 82

7 ▶ 南足柄みらい創りカレッジ開校が創り出す「未来」 ⋯⋯⋯⋯⋯ 88

8 ▶ 長崎県壱岐市での「みらい創り」プロジェクト ⋯⋯⋯⋯⋯ 90

9 ▶ 地域コミュニティ形成への応用、宮城県女川町との協働的実践 ⋯⋯⋯⋯⋯ 91

10 ▶ これからの地域創生はこうすすめる ⋯⋯⋯⋯⋯ 93

4章

「遠野型エリアマネジメント」の萌芽と期待 ⋯⋯⋯⋯⋯ 97

1 ▶ 地域運営を変えなければならない ⋯⋯⋯⋯⋯ 98

2 ▶ 見える箱から見えない価値の創出へ ⋯⋯⋯⋯⋯ 100

3 ▶ 価値を生まない蛸壷型地域づくり ⋯⋯⋯⋯⋯ 101

4 ▶ エリアマネジメント── 蛸壷の破壊へ ⋯⋯⋯⋯⋯ 103

5 ▶ 遠野における「絆」 ⋯⋯⋯⋯⋯ 108

6 ▶ 地区ごとのソーシャルキャピタルを探る ……………… 111

・事例①──駅前地区：遠野市の顔として ……………… 114

・事例②──宮守地区：グリーンツーリズムの本格展開に向けて ……………… 119

・事例③──上郷地区：進む高齢化と外部人材の活躍 ……………… 122

7 ▶ タクティカル・アーバニズムの発想から考える
遠野駅前地区のエリアマネジメント ……… 126

8 ▶ 遠野みらい創りカレッジに期待する役割 ……………… 128

5章

信頼資本による「みらい創り」
マネジメントの論理と実践 ……………… 133

1 ▶ カレッジの自走化に向けて ……………… 134

2 ▶ カレッジ法人の運営姿勢 ……………… 134

3 ▶ カレッジ運営モデルと重点事業 ……………… 136

4 ▶ 地域創生を牽引する人材創りが求められる背景 ……………… 138

5 ▶ 人づくり、地域のリーダー創造に向けた課題 ……………… 140

6 ▶ 課題対応に向けた人材創り ……………… 142

7 ▶ 地域の未来を創造する「みらい創り」マネジメントの構造 ……………… 144

8 ▶ 社会教育プラットフォームを活用した双発的なコミュニティ創り ……………… 148

9 ▶ 今後の「新・みらい創り」活動── 次世代への継承 ……………… 150

10 ▶ 誰も行かなかった道を選ぶ ……………… 155

あとがき

序章

地域社会との協働

　これまでの日本は、「ものづくり」における高い技術力や強靭な組織力によって高い生産性や収益性を得るビジネスモデルを構築し、国内外の市場において優位性を保持してきました。しかし、昨今の中国などの大量生産・大量消費の波は、家電メーカーなどの高い技術力を持った企業を飲み込んで余るうねりとなって、一挙に日本企業を置き去りにして成長を遂げる一方です。

　加えて、コンプライアンスやガバナンス力の欠如などで、老舗企業が一夜にしてその信頼を失い、一時的とはいえその企業価値を失っています。そして、一度喪失した価値や信頼がそう簡単には元に戻らないことを、私たちは痛烈に学ばされてきました。グローバルという大海原の中で、日本を取り巻く経済・経営環境は、まさに潮目が変わったと言って良いでしょう。

　本書がとりあげている、産官学民（企業、行政、研究団体、コミュニティ組織）による組織的で協働的な取り組みは、これまでの企業の競争戦略や成長戦略とは別の、協調的な協働戦略（互いに連携し、助け合う）という新しい価値獲得の道筋を示すものです。そしてその価値は企業だけが得るものではなく、関与者共通の価値として共有しあうことになります。

　本書の冒頭では"ものづくり技術"に対して、これまでほとんど注目されなくなっていた"コミュニケーション技術"の活用にスポットライトを当てています。そして、産官学民、全ての組織の学習と成長に影響を与える「場」創りの実践と、そこで利用される設計技術の効果をご紹介しています。コミュニケーション技術を正しく活用するなどの一定の条件が整えば、組織的で協働的な実践活動が進められることになります。言い換えれば、地域創生の具体的な取り組みを通じて、それに参加する産官学民それぞれの価値向上が実現するのです。本書の中盤では、その具体的な展開例を示しながら、協働的な実践活動

序章　地域社会との協働　13

の進め方をご紹介しています。

　本書では詳しくご紹介していませんが、私たちは、昨年4月14日に発生し、大変大きな被害をもたらした熊本地震から立ち直ろうとする、産官学民の協働的な活動にも微力ながらご支援させていただきました。その中心的な役割を担うのは、崇城大学の学生さんたちです。コミュニケーション技術を活用した大学生の実践活動は、熊本市民の未来を照らす灯台のような役割を担っているようです。このような本書で示すいくつかの実践活動のプロセス全般は災害からの復興支援はもちろんのこと、成熟した社会や経済下における、新しい社会変革の姿を示したものといえるかもしれません。

　さて、これまでの企業のCSR活動推進の基本的な考え方は、収益や自社の戦略に応じて、その成長の埋め合わせを補うような支援や施しが中心であったことは否めません。地域振興に一役買おうと、幾つかの企業は被災地に滞在し、NPOやNGOと連携しながら地域の産業復興を支援してきました。また、研究団体と連携して、被災地で生業を興す「起業家」を支援する活動に協賛してきました。しかし、残念ながら、多くの企業や中央省庁のそうした活動も、概ね3年でその役割を終えることとなりました。

　その一方で、私たちを中心とした「みらい創り*²」活動によって創出される地域創生を支援する産業創造効果は、着実に広がりつつあります。地域社会はこれまで気が付いていても取り組むことができなかった企業との協働的な活動によって、新たな行政サービスの企画、特産品の販路拡大、そして産業構造の転換などに挑むことになりました。同時に企業も、地域社会或いはコミュニティ組織の課題発見とその解決方法を得たことで、自社または他社と協働でその解決の具現化に向けたマーケティングや技術開発に取り組むこととなったのです。そこには大学などの研究組織も積極的に参画しています。「みらい創り」活動は、地域社会と企業の協調した活動から、産官学民それぞれの価値を高めあう実践的な協働活動領域へと入ったといえるでしょう。

　本書では、「みらい創り」活動による共通価値の創造効果を明らかにしています。このプロセスにおいてコミュニケーション技術を効果的に駆動させる工夫がなされることで、他ではできない、その地域固有の価値共創の「場」が創造されます。そして、その「場」において、科学的なデザイン手法を組み合

わせることで、付加価値の高い共通価値が創出されます。言い換えれば、産官学民それぞれに論理的で模倣困難な価値が創造されることとなるのです。このプロセスと科学的なデザイン、そしてそれを用いた取り組み事例については、第二章で詳しくご紹介しています。

東日本大震災から約1年が経過した2012年3月5日に発信された「日経ビジネス On Line」に登場した野中郁次郎先生は、被災地域の再創造への関与が企業戦略の核の1つになるとし、地域との協働で事業を創造する「社会的企業（ソーシャル・エンタープライズ）」を目指す事の意義を強調されていました。恥ずかしながら、私がこの記事を拝見したのは、その1年半後でした。しかし、今では知識経営の研究者や企業人とのお付き合いも広がり、研究会を通じて互いに思いの丈を議論・共有することも多くなってきました。

私たちの活動が社会的であったのはさておき、企業と地域社会との協働的な実践活動が事業を創造し、地域を再創造していくものであることは、多くの研究者に指摘されてきました。しかし、多くの企業や研究団体の組織がそれを果たせず、地域から去っていくことになりました。この協働的な実践が、東

写真1　高校生によるField Workの様子（森林チーム）

日本大震災後の復興支援の中核的な活動になりにくかったのは何故なのでしょうか？　多くの企業人、研究者、そして行政マンが、そのことを自問自答してきたのではないでしょうか。企業の社会的責任に基づいたまちづくりや地域づくりは、企業が取るべき戦略の1つの核になっていくことは間違いないでしょう。しかし、協働的な実践となると、その先行事例は乏しく、どのように実施すればよいのかについてのノウハウも明らかにされてきませんでした。

　野中先生は同時に、地域づくりに必要な新しい価値については、その地域での関係性の中でしか生み出させないことを示しています。実際、復興支援などの協働的な実践をすすめるプロジェクトなどにおいては、企業や行政の本部がそれをコントロールするのではなく、支援することが求められます。いうなれば、ローカル・コントロール型組織運営が必要とされるのです。しかし、地域との関係性の構築とローカル・コントロール型組織運営がなかなか難しいのです。

　というのも、ローカルに集合することとなった組織はそれぞれに異なった文化や目標をもち、復興に対する動機付けも様々です。また、組織間のコミュニケーション手段も異なることから、協働的な活動の前提となる関係性の構築が進まないのです。その結果、プロジェクト的な活動組織の運営は破綻をきたし、不完全燃焼のまま被災地を去ることになった組織が後を絶たなかったのです。

　加えて、このローカル・コントロール型組織運営に必要なのが、プロデューサー型のリーダーです。つまり、クローズされたタテ割り組織を超え、より大きな関係性に目を向けて、内外にオープンな人脈やネットワークを形成していく力。そして、各機能の最適配置を進めながら、知を総動員していくリーダーシップが必要なのです。そして、このリーダーが取るべきマネジメントが体系付けられてこなかったことが、協働的実践活動をさらに困難なものとしているのです。

　しかし、そもそも私たちは地方或いは地域のもつ「特殊性や特異性」、そして「力強さや独立性（或いは閉鎖性）」についてどれほど知っているでしょうか。復興支援活動を進めながら、私たちはどうにかそれらに触れ、活動を進めていくための知恵を少しずつ獲得してきました。しかしその活動は試行錯誤と失

敗の連続・連鎖ばかりでした。遠野市が実施してきた後方支援活動に絞って言えば、私たち以上に行政の職員の方々こそ、それらを多く経験してきたのではないでしょうか。

　遠野市の行政の皆さんは、震災発生以来、市民の安全安心な環境整備だけでなく、被災地支援のための自衛隊・警察・消防の受け入れ、支援物資受け入れと供給のための施設や、災害ボランティアセンターの設置・運営等々、訓練はしていたものの実践は初めてのことでした。そして、この後方支援活動の先に実践されることとなった「みらい創り」活動も同様に、その活動に参加することとなった行政組織としては、初めて経験・体験することでした。

　市民目線、都民目線の行政。昨今、このような表現で自身の政策を表現される首長さんが目立ちます。しかし、復興支援や後方支援の現場では、管轄する地域に目を配るだけでなく、支援の対象となる地域とそこで暮らす人々、そして外部から管轄地域を経由して対象地域と連携・交流する組織や人々と共通の目的を設定して、密接に関係していく必要があるのです。そこでは、「普段の住民サービスの域を超えたリーダーシップとマネジメント」が必要になるわけです。そう、一口に協働的といっても、それを実践するための論理や技術、そして力量が問われることになるのです。

　遠野での活動を振り返る時、行政サイドからは、「カレッジが成功した理由」や「カレッジが生み出したもの」という、どちらかといえば好意的なレビューをいただいてまいりました。その中では「縦割りから横断的な取り組み」が実践されたこと、そして「民間主導の活動であったこと」などが、遠野市の行政組織内部で中心的に語られてきました。この遠野市での活動全般を支えたのが、「みらい創り」活動のプロジェクトの進行に伴い、連携交流課からその推進役のバトンを受け取った「経営企画部 まち創り担当部門」でした。

　担当部長の飛内氏（現副市長）は、産官学民の協働に対しておよそ行政マンらしからぬ（というと失礼ですが）リーダーシップを発揮されました。それは、前例にとらわれない、関与者共通の価値を第一にする考え方でした。例えば、企業や研究組織の提案を受けた場合、ともすると行政側は「できない理由」を掲げたり、「これまでの物差し」に合わせようとしたりするものです。ところが、同氏は、行政マンとしてのプライドを持ちながら、企業や研究組織の革新性や

序章 地域社会との協働　17

新規性を大胆に採用していったのです。

　その意思決定が大変困難であったことは、遠野市の本田市長からも後々うかがうこととなりました。しかし、そうした意思決定は、市長自らも経験してきたことでした。非常時における意思決定は、まさに「試行錯誤」の真っ只中で行われてきたのです。

　遠野市から遅れること2年後に活動が始まった「南足柄みらい創りプロジェクト」においては、この遠野市での後方支援拠点活動をはじめとする「みらい創り」活動のレビューを互いに共有する作業からプロジェクトが始められました。南足柄市企画課長の瀬戸氏は、自らが活動の推進者となって「地域の課題」と「南足柄の未来」に真摯に向き合っていらっしゃいます。当事者意識をコミュニティ組織の人々以上に持つ瀬戸氏は、南足柄の未来を描くために必要な企画案を、加藤市長に直談判します。しかし、決して独善的ではありません。誰よりも地域を愛し、地域で暮らすことに誇りを持っているからこそ、コミュニティの未来を真剣に考え、市民との協働を重ねる企画を立案し、「みらい創り」プロジェクトに深く関わり続けることができるのです。

　そして、現在、リアルに「みらい創り」の企画を進めている北海道の白老町では、「協働のまち創り」が行われています。それを推進する地域振興課の若手職員の安藤氏は、「協働が深化する多文化共生のまち創り」を方針にするため庁議に提案し、採用されました。そして、多様な人たちが主体となって「自分たちが次世代に残したい“しらおい”の姿とは？」という大きなテーマを掲げて対話を企画・実施するために、文字通り、東奔西走されています。

　安藤氏をはじめとする地域振興課の皆さんは、その過程で、対話を繰り返しながら白老町を見つめ直し、多様な価値観を認め合い、産官学民が主体的且つ共通の想いをもって白老の未来について考えることを“協働”と定義されています。経営の論理ならぬ、行政サービスの論理が「みらい創り」活動に生かされているのです。

　そして、長崎県の壱岐市でも「壱岐なみらい創り」活動が現在進行中です。この活動は遠野での活動を知った富士ゼロックス九州（株）マーケティング部長の高下さんが、九州での「みらい創り」の拠点を自力で開発したい、との思いから始められたものです。離島であることを強みにして、「多様な人々が交わ

る拠点」創造に向け、地域の自然と文化を生かしたまち創りに取り組んでいるのが、壱岐市地域振興推進課の篠原氏です。白川市長のリーダーシップの下、一糸乱れぬ組織力を生かした壱岐市の「みらい創り」は、地域主体の協働的実践の「場」創りを中心に、まさに大詰めを迎えています。

　非常時における行政TOPの意思決定、新たな「みらい創り」に挑む管理職の主体的なリーダーシップ、協働のまち創りを推進しようとする次世代を担うリーダーの奮闘、そして若手の活躍を支援する強い組織力。本書は、いずれも地域の担い手としての行政組織の中で実際に行われた諸活動を、企業及び研究組織の目線であらわしたものです。そして、その活動をコミュニティ組織の中に反映させ、そこでの総意を形成するプロセスとメカニズムを明らかにしたものです。地域創生に取り組もうとされている産官学民のリーダーやご担当者の諸活動を、協働的な実践活動に進化させるために必要な論理といっても良いかもしれません。

　従って、本書では、協働的な実践の「場」である「みらい創りカレッジ」の姿とそこでの取り組みを余すところなくお伝えしています。具体的には、新規事業を創造して地域創生を具現化するために、その初期段階でどうように関係性の構築が進められたのか。そして、企業による行政組織、コミュニティ組織、そして研究組織との協働的実践がどのようにしてすすめられたのかを、ご紹介しています。専門的な知識や経験がなくとも、地域振興やまちづくりの参考になることを願ってのことです。

　次章からは、その協働的実践のメカニズムを提示するために、どのような技術が活用され、それによってどのような「場」が創造されたのか。そして、その「場」では、企業やコミュニティ組織のどのような協働的実践プログラムが企画・運営されているのか。さらに、どのような論理をベースにした実践的マネジメントが施されているのかを明らかにしていきます。

（樋口）

注：

*2　コミュニケーション技術によって多様で複雑な組織間の総意を形成し、互いに共有・共用できる「場」での実践的な活動を通じて、産官学民それぞれの価値を高めながら革新的な商品やサービスを地域に送り届ける一連の協働のプロセス（富士ゼロックスで意匠登録）。

1章

地域との関係性創りに必要な技術

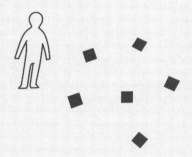

1 ▶ 人を中心とした地域との関係性創り

　現代社会は、多くの人が他者とのつきあいの上で悩みを抱え、人間関係に不安や不満を感じているといっても過言ではないでしょう。実際、私たちの周りでも、人間関係の悪化を理由に組織的な働き方ができない企業人、組織人が増加しています。組織が大きくなると更にその関係性が複雑で、自己や自組織を見失いがちです。そんな状況を踏まえ、他者との関係を円滑にするためにコミュニケーション力を高め、協調的で協働的な組織に変革しようとすることは、企業組織においてはもちろん、社会的にも強く期待されています。このような協調的或いは協働的組織活動を支援する技術を「コミュニケーション技術」と呼び、研究や調査の対象にする企業や大学がグローバル規模で増えてきています。

　一般に、企業組織などの集団的組織体においては、それぞれの目的と日常的な組織活動の形態は多様です。そこで基本となる機能は、「その集団がなすべき仕事の目標達成と、その基盤となる活動をするために成員がまとまることにある（成員の維持）」という報告がなされています[3]。

　その成員間、つまり個々の人間の関係性においては、他者への配慮や所属組織への考慮が自然と必要となります。そして、双方向の密度の高い意思疎通が十分であれば、人間関係は総じて良好になるでしょう。しかし、互いへの

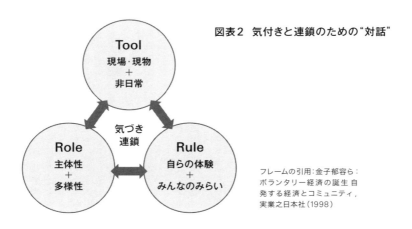

図表2　気付きと連鎖のための"対話"

フレームの引用：金子郁容ら：ボランタリー経済の誕生 自発する経済とコミュニティ，実業之日本社（1998）

配慮や、それを支え合う組織的なサポートが乏しくなると理解不足や軋轢が生じ、容易に関係性の悪化が生じてしまうことも稀ではないでしょう。そしてその結果、個々人の孤立をまねき、集団や組織の連携的な行動が不十分になることすらあります。それゆえ、円滑な対人関係を保ちながら組織の活性化を高めるために、コミュニケーションの向上を目指すことが技術的に求められているのです。

　現在、私たちの活動の場である「遠野みらい創りカレッジ」では、地域のコミュニティ、域内外の企業、大学などの研究団体、そして行政などの異なる組織やその関係者が集い、交流を深めています。年齢的には、10代（小学生から高校生）、20代（大学生が中心）、30代から40代（行政や企業人が中心）、50代以上（地域や企業のシニア世代）など多様な世代間のコミュニケーションが実践されています。

　多様な組織、そして様々な経験知を持った人々が、同じ目的でWork Shop*4やField Work*5などを実践しますと、異なった見方や考え方が自然に生まれてきます。それを私たちは、「多様性」が生み出す「みんなの未来」として、とても大切にしています。それは、都会の喧騒から離れた「非日常の場」での学び合いから創造されるものだと考えています（図表2参照）。カレッジでの学び合いで常に心がけていることは「よりよいコミュニケーションをベースに、多様な参加者全員が互いの未来を創造し合う」ことができる環境づくりです。ですから、私たちは自ら自然にコミュニケーションを技術として扱い、カレッジに集う多様な人たちが「触れ合うように学ぶ」ことができるような学習プログラムの開発と、その運営に取り組んでいるのです。

2 ▶ コミュニケーション技術とは

　「コミュニケーション技術を見せてほしい」最近、そのようなご依頼が多くあります。コミュニケーション技術はシステム開発でも扱われるようになってきたものの、残念ながら「これです！」といってお見せできるようなものではありません。ただ、技術開発プロセスや経営全般において、その意思決定、多様な意思の総合化、リーダーシップの発揮、そして合意形成といった、企業経営そ

のものの行動を左右するコミュニケーションの役割に関する研究が、社会科学において、とても重要なものとなってきました。

　Herbert A. Simon 教授（1965）は、コミュニケーションを「組織のあるメンバーから別のメンバーに決定の諸前提を伝達するあらゆるプロセス」と定義しています。また、彼は、組織においてコミュニケーションの効果を高めるために、道理を説いたり、弁じたり、説得したりしなければならないと強調しています。そして、「コミュニケーションの機能は、それを伝達する人の心からなにかを取り去ることではなくて、それを受け取る人の心や行為になにかを入れ込むことである」と指摘しています[*6]。なるほど、コミュニケーションには、素晴らしい役割があることがわかりますね。

　ということは、「受け取る人の心や行為になにかを入れ込む技術」これがコミュニケーション技術といってよいでしょう。平たく言えば、企業組織や社会生活の中で必要な事柄を決めるために、いろいろな考え方の人たちの知識、考えや言い分などを伝達・交換していく過程で、関与者の心を動かして実際の行動につなげる技術なのです。

3▸コミュニケーションの素となる「実践知」

　一方、「知識経営」という社会科学研究において、人間の持つ知識は交換・流通する経営資源として捉えることができるとされています。そして、知識は組織において伝達し、合意形成を促し、組織内の活動に行動と結果をもたらすものとされています。その意味では、組織内で知識を伝達・交換し合うために必要なコミュニケーションは、社会的組織において欠かすことができない補完的経営資源といえるのかもしれません。

　例えば、一般的な技術開発の実践現場などでは、技術者個人と組織間での知識の交換や流通が絶えず行われます。更に、技術開発には、技術者の優れた知恵や経験知、開発プロセスや手続きに深く通じる特殊な才知などが必要となります。そのような現場で必要となる的確な判断と、適応力に代表される知識を、Robert Sternberg 教授（1990）は「実践知（Practical Intelligence）」と定義しています。コミュニケーション技術とは、その「実践知」を有効に取

り扱い、成果を提供するものといってよいでしょう。

　個々の人間は、それぞれ異なる家庭・社会環境の中で、様々な経験や体験をして成長します。そしてその経験を踏まえて多くの問題に向き合い、それらを乗り越え、達成感や満足感を得ることになります。時には挫折も感じることもあります。このような多様な経験や体験の中から、個々人が主体的に外部に発信・伝達できるように整えられたものが、「実践知」なのです。

4▶コミュニケーションから生み出される「集合知」

　近年、多くの個人情報や「実践知」が蓄積され、網羅的に体系付けられています。その代表であるWebサイトやソーシャルネットワークは、利用者にとってとても便利なものとなっています。このような利用者が扱いやすいように知識を蓄積し、何らかの価値ある情報に体系付けしたものを、私たちは「集合知」と呼んでいます[7]。デジタル化が進展することによって、双方向のコミュニケーションが飛躍的に高まったことで、「実践知」の交換・流通が即時的に行われることとなりました。その結果、多様で膨大な量の「実践知」はデジタルネットワーク上で集約され、新たな知識として進化し続けているのです。

　しかし、情報処理技術をフル活用して機械的に集約化を図ること以外に、多様な人間同士が、互いの考え方を伝えて聞き出し、一定の方向性を出したり、物事を決定したりすることは、企業だけでなく社会的な組織の中で必ず求められます。本書でご紹介しているコミュニケーション技術とは、多彩で多様な個々人の「実践知」を、社会的な組織の中で効率よく、効果的に取り扱う技術で、人間同士或いは組織間の情報発信と伝達の結果決定される事柄を「多くの人が正しいと考える」方向に持っていくための技術なのです。

　遠野みらい創りカレッジは、このようなコミュニケーション技術を使うことで、地域社会の人々の合意形成を経て設立されています。手前勝手なものではなく、地域社会から「納得感」と「賛同」を得ているのです。このことは地域創生を進めていく上で、基本中の基本です。しかし、多くの場合、結果を急ぐあまりにこの過程や手順を省いてしまうことが多いのではないでしょうか。

5 ▶ コミュニケーションの果たす役割

　ある研究者は、「実践知」を「熟練者が実践現場で他者に示すことができる知性」と定義しています*8。一般的なホワイトカラーといわれる職種の人たちは、それぞれの仕事場で多くの時間を過ごしています。そして、多くの人や組織と出会い経験を積み重ねていきます。「実践知」とは、この時間の中で獲得される知性とも言えます。そして、その「実践知」は、熟練者から成長過程の社員等に伝達され、次第に組織全体へと流通していきます。

　私たちの「みらい創り」活動でも、プロジェクト的な実践の過程で、地域社会や企業の「実践知」を集合化して、互いに価値を高めあうことを狙いの一つとしています。この活動を通じて、組織に属する人々が、互いの役割を全うして成長していくことはとても重要なことです。本書では、コミュニケーション技術の果たす役割を「企業組織などの内部環境下で組織人同士が価値を高めあうものだけではなく、企業、行政、コミュニティ組織、そして研究団体などの多様な外部環境下で、互いの価値を高め合うもの」としているのです。

　例えば、コミュニティ組織の合意を得ずに、企業と行政間でプロジェクトの実施項目やスケジュールを決定した場合、或いは、行政の合意を得ずに、コミュニティ組織と研究団体がField Workの進め方や日程を決定した場合など、必ず批判的または非協力的などの反応が現れるものです。そうなってしまうと、それらを収拾するために、多くの時間が必要になり、他の工程に多大な影響を与えてしまいます。このような事態を招いてしまうことは、プロジェクト管理者として致命的といってよいでしょう。

　「みらい創り」活動のような実践的なプロジェクトの管理者は、最終的に組織を超えてプロジェクト関与者の総意形成を成し遂げなくてはなりません。従って、企業組織の内部環境における実践知の伝達と流通のマネジメントに比べ、外部組織間でのマネジメントには、信頼関係の醸成、組織間連携への配慮、そして事前の摺り合わせなど、多彩なマネジメントが必要になります。このマネジメントについては、第五章で触れることにします。

6 ▶「実践知」を集合化するテクニカルプロセス

　遠野での研究を進めるうちに、コミュニケーション技術には、それを効果的にするための意図的なテクニカルプロセス（技術的な工程）があることがわかってきました。そのテクニカルプロセスは、2種類に区別されます。ひとつが、「実践知」を集合化するプロセスであり、もうひとつが、集合化された「実践知」を更に進化させるプロセスです。初めに、集合化するテクニカルプロセスについてご説明します。

　多様な「実践知」が集合化された「集合知」とは、共同体的な知の一形態で、創造的な問題解決の作業をグループとして行う結果、創出される知見とも言われています。そして、「集合知」はWork Shopなどの適切な場を設定すれば、個人がバラバラで行う作業に比べて、知的なパフォーマンスが向上することが知られています[*9]。

　また、ある研究者は、「集合知」の概念はインターネットの発展にしたがい多くの面で応用され、従来存在しなかったような種々のビジネスの進出を促してきたと指摘しています[*10]。近年、グローバル規模で多くの人々がスマートホンやクラウドサービスを利用し、個人の情報や知識を集約して一定のグループで活用する、フェイスブックやラインなどの新規ビジネスが生み出されていることなどがその具体例といえるでしょう。

　「実践知」を集める技術を飛躍的に高めたのは、コンピューターサイエンスの発達です。今やWebサイトのあちこちで、「みんなの意見」が集約されて、ベンチャー立ち上げ資金や資材、最も推薦される論文や図書、音楽、そして観光地などの資源活用情報を簡単に得ることができます[*11]。このように、「実践知」の集合化に役立つテクニカルプロセスの一つが、コンピューターサイエンスを用いたWebに代表される工学的アプローチといってよいでしょう。

　しかし元来、コンピューターサイエンスは人と人とのコミュニケーション研究の結果到達した一領域です。「みらい創り」活動は、工学的なアプローチの原点ともいえる、多様な組織の中での、意図的に設計された「対話」をベースにしたコミュニケーション技術によって「実践知」が集合化されるテクニカルプロセスに焦点をあてています。昨今、その「対話」が「実践知」を集合化させ、

進化の素となるコミュニケーション技術であることに注目が集まっています。

　さて、科学的な観点において代表的なモデルである情報処理的マトリックスモデルでは、入力要因と出力段階の2つの構成要素を組み合わせたマトリックスに基づいて、コミュニケーションを分析しています[*12]。

　入力要因（In Put）とは、情報のソース、内容、チャンネル、そしてターゲットなどを指しています。また、出力段階（Out Put）とは入力の結果生じる、注意、関心、理解、学習、記憶、検索、意思決定などの人間の態度や行動のことを指しています。

　入力や出力というと、いかにも情報処理的かつデジタル的な印象を持たれると思います。しかし、コミュニケーションを双方向の情報と捉えた場合、このような要素で分類されても不思議ではありません。私たちは外部からの何かしらの刺激（Impact）によって自発的に気づき、何らかのアクションをとるものです。ですから、この分類はとても単純で整理されやすいものといえるでしょう。

　しかし、一般にコミュニケーションは、「コミュニケーション力」或いは「能力」、つまり円滑な対人関係を築く個人のスキル、として扱われることが多いはずです。その構成要因[*13]を情報処理と人間の変換作業とで分かり易く比較すれば、図表3のようになります。　如何でしょう。人間であるが故の悩ましい考え方や対人関係が見えてくるとは思いませんか。コミュニケーションを常に情報処理分類の形で示すことができれば更にわかり易いのでしょうが、個々人の待つ知識の相互理解を前提として、その内容を正確に伝え、流用できるようにするという人間的変換作業は、デジタル処理のように扱うことは困難で

図表3 情報処理的な入出力要因と人間の変換作業の比較

	情報処理的な入出力要因	人間としての変換作業
1	記号化および解読	相互理解のための準備や用意
2	察知または推測	間接的かつ高度な以心伝心
3	認知および状況理解	実質的な意思の疎通
4	自己表現	意思の開示および提示
5	関係性の調整	自己主張と抑制
6	社会や組織内の文化規範や規則	社会的流用性の確認
7	個人属性	パーソナリティと社会化の認識

す。人間が人間的に捉えられ、個人を尊重しながら社会性にも配慮するような要因を考慮した上で、コミュニケーションの「力」や「能力」を推し量る必要があるのです。

このように、コミュニケーションとは送り手が受け手を説得し、態度や信念を変えるという一方向的なものではなく、送り手と受け手の相互作用を基本としています。だからこそ、社会生活において科学が関わる問題解決を支えている「集合知」が形成される過程が重要だといえるのです。「対話」が近年注目されているのは、多様な「実践知」を集合化し、さらにそれを進化させる素となるコミュニケーション技術であることが実践の場で明らかになってきたからです。

Kenneth J. Gergern 教授（2015）は、コミュニケーションをリーダーシップに必要な技術と位置づけています。そして、コミュニケーションとはリニアなものではなく、互いに意味を作るプロセス、すなわち「継続的な調整のプロセス」と表しています。その技術の最も古典的なものの1つが「対話」です。同教授は、「対話」によって共通の理解が生まれ、組織文化が創造される過程を示しています。

「みらい創り」活動では、この「対話」というインターネット上の技術とは対局的な、人を中心とした古典的なテクニカルプロセスを意図的に設計しています。そして、「対話」が各組織間の関係性を構築した上で課題を共有し、結果として活動自体を前進させる為の総意形成の原動力になったことを示しています。

「みらい創り」活動におけるコミュニケーションの前提は、企業などの組織内のコミュニケーションだけではなく、行政・企業・研究団体・コミュニティ組織間のコミュニケーションです。このような多様な組織を越えて互いの「実践知」を集合化させる力を「対話」は持っているのです。

7 ▶ 集合化された「実践知」を進化、 活性化させるテクニカルプロセス

ある研究者は、技術開発などの仕事の場のコミュニティ（小集団）において、経験に基づいて省察（Reflection；実践的な行為の中で自らかえりみて、その良

し悪しを考えること）をおこなうことは、互いの知識の変換を促進し，個人や組織のスキルの獲得に影響することを「Webベースの調査」によって明らかにしています[*14]。そして、その研究の成果として、個人の熟達を促して組織の能力を高める為には、組織は個人に対して質の高い経験への挑戦と省察の場を用意することが重要であること、そして、その省察の過程で知識変換が活性化し、「実践知」の習得が促進されることを示しています。

　この示唆はとても興味深いものだと思います。知識変換については、知識経営の基礎理論として、SECI[*15]で示される知識創造プロセスが、広く知られています。「みらい創り」活動においても、プロジェクト関与者の「実践知」が、省察によって別の「実践知」との相互作用を生じさせ、新たな知識へと変換していく集合化プロセスに着目してきました。

　私たちが実践してきた復興支援などの特殊な地域社会と連携するプロジェクト活動の過程、つまりプロジェクト関与者のそれぞれの省察によって「実践知」の集合が活性化され、プロジェクト活動自体が勢いよく進展していくプロセスがそれにあたります。何故なら、それが「対話」による意図的な仕掛け（テクニカルプロセス）を補い、「みらい創り」活動を押し進めていく補助エンジン的機能になったからです。これが、「実践知」を進化・活性化させるもう一つのテクニカルプロセスなのです。

　Donald A. Schön教授（2007）が、「行為の中での省察がマネジメントとなって現れる」と指摘したように、被災地や遠野市での復興支活動のさなかにおいて、自然に意思決定や共通の目標が生み出された経験は数知れません。従って、プロジェクト活動という実践の過程で省察をおこなうことは、大変重要なのです。

　スポーツの実践例でわかりやすくご説明します。プロ野球の試合、9回の裏、2アウト満塁の場面でのピッチャーに注目してみましょう。高校生から幾度となくこのような場面を経験してきたピッチャーは、これまでの実践からどのようなピッチングが自分を助け、味方チームを勝利に導くかを、いちいち考えなくてもわかっているといわれています。また、サッカーのPK戦のゴールキーパーはどうでしょうか？　何度も戦ってきた相手が何方に蹴り出すか、これまでの実践経験からいちいち考え込まないで初動を始めるといわれています。それが、

行為の中での省察といわれているのです。

　ある研究者チームは、実際に企業が進めるプロジェクトをサンプルにして、技術者の「実践知」がシステム開発でどのように扱われたのかについて、プロジェクトに参画した技術者の特性、スキル、知識の活用度合い等で評価しています[*16]。

　その中のプロジェクト・マネジャーの育成に関する考察の中で、「従来から幾度となく言われてきたように、マネジャーの"現場の経験や状況を読む感"が重視されていくことを確認する結果となった」ことを示しています。そして、それを一種のブラックボックスとして扱う限りは、現場のプロジェクト生態を公式に研究し、形式知化し、組織的に学習して適切で妥当な支援を設計する機会を持つことはできない、としています。

　このような、技術者や専門家の実践的な"力量"を引き出す能力に関する研究はあまり見ることができません。そこでSchön教授（2007）は、その能力は専門家が省察を通して身につけることができる体系的な知であるとし、その特性を、専門分化され、明瞭な境界線が存在し、科学的で、標準化された"技術的合理性"を超えたものであると表しています。

　実際、企業の研究所で働く技術者の殆どが、大学の研究室や企業の研究所で自然科学の専門分野を学び、その技術を磨いてきました。そして彼らは、"技術的合理性"に裏打ちされた科学的で標準的な、そして分業化され研究分野の境界線がはっきりと示された環境でその能力を発揮することが求められ、研究目標をクリアしてきました。

　しかし、プロジェクト活動に関与する技術者は、そうした標準化の中から現れる能力だけではなく、合理的で的確な指摘や完璧な記述ができない現象であっても、それを正しく認識する別の"力量"が求められるのです。

　言葉で伝えきれない適切な判断基準、規則や手続きを説明できない技能の伝承、或いは暗黙の認識や判断に基づく熟練したふるまいなどがそれにあたります。熟練した技術者または熟達者の、言葉では伝えられないような絶妙な適用タイミングを見計らった指導力が、行為の中で省察を繰り返した技術者が持つ"力量"なのです。

　しかしながら、実践的な活動での省察から生じる現場の経験から現れる"状

況を読む感"や"技術者の力量"といったものの合理性を評価し検証する研究は、ほとんどなされていません。技術者の"感性"や、企画責任者の"場を読む力"などは、どだい科学的なものではないのです。私たちが被災地などで行ってきた実践活動が、その成功・非成功のみが問われる孤立的実践ではなく、組織の歴史、文化、社会的な実践の範疇であり、それらを通して歴史を作り、文化を担い、関係性を構築し、将来を創り出す担い手を成長させる「みらい創り」という、情緒的な緩やかな表現でしか表せないのも、そうしたことに起因しているのです。

8 ▶ カレッジ設立に必要なコミュニケーション・プロセス

とはいえ、私たちが「みらい創り」活動で活用してきたコミュニケーション技術を「対話」と「省察」を盛り込んだプロセスで表現し、それを活用できるものとして表すことは大切なことだと考えました。前著と重複いたしますが、それを以下の4つのプロセス単位で説明したいと思います。

❖1── 大きなテーマで人間ネットワークを形成する過程

ここで言う大きなテーマとは、多様な人々が興味関心を持つことができ、かつ自身の言葉でその内容を語ることができるテーマのことです。また、人間ネットワークの形成とは、ひとりひとりが自身の興味や関心に基づき、今後一緒に活動していくかもしれない仲間（企業、行政、研究者、コミュニティ組織）と「対話」しながら、人とのつながりを作っていくことを表しています。

この段階には「対話」と対話内容をふまえた「行動」の二つの活動が含まれます。まず「対話」では、仲間のつながりを支援すること、地域の魅力や可能性を探究することを目的とした「対話」を設計し、地域住民や地域外からの参加者を招いて実施します。

まず全員が輪になり、ひとりずつ「今の率直な気持ち」を共有した後、「私が体験した地域の魅力とは？」や「私が大切な人たちに伝えたい地域の魅力とは？」という大きなテーマで「対話」を行います。そして、ひとりひとりが他の

参加者の多様な意見を聞いた上で、「私が大切な人たちに伝えたい地域の魅力」を表現する制作物を作り、展覧会を行うのです。画用紙やポストイット、或いはレゴや風船などの素材を使うこともあります。

この時点ではまだ重要な兆しは明らかになりません。そのため、対話内容をふまえた「行動」では、もっと多くの方とつながって重要な兆しを発見するために、一定期間、地域内に研究のための席を確保していただき、地域の産業につい

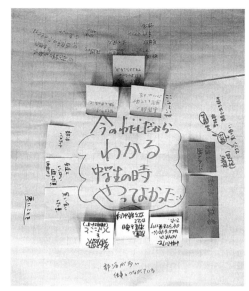

写真2　大きなテーマで対話したプロセスの共有
（遠野西中学校対話会から）

て知り抜くために、実際の産業振興の実情をインタビューするなどのField Workを繰り返し実施します。そして、発掘した人間ネットワークから、次の「対話」の場への参加者を募っていきます。この「対話」と「行動」が行われている最中に、あえてひとりになって考える時間を設けます。省察（Reflection）によって、実践知を蘇らせながらそれを進化させる時間を用意するのです。この段階では、とにかく実践知の進化や活性化と、人間ネットワークの形成に特化し、地域の信頼を得る「関係性構築」に専念するのです。

❖2 ── 形成されたネットワークの中から重要な兆しを特定する過程

次の段階では、協働的に活動できる重要な兆し（プロジェクト）を発見・参加者間で共有し、その実現のために一緒に活動していくテーマとチームを作ります。

その兆しを発見し、チーム化するための「対話」は、地域の魅力を伝える企画を、参加者ひとりひとりが検討する場として設計します。まず、ひとりずつ今

写真3 ペア対話（遠野中学校での対話会から）

の率直な気持ちを話した後、「未来に残したい地域での体験とは」または、「人に話したい幼いころの体験」などについて「対話」が進むように設計するのです。体験には重要な兆しを発見する因子のようなものが含まれています。皆さんも、これから実施してみたいこと（テーマ）を取り上げる時、これまで体験してきた中で「もっとも印象に残っていること」や、「やりたくてもできなかったこと」などが頭を過ることが多いのではないでしょうか。

　これを数回繰り返しながら、①自分が盛り上げたいテーマ、②そのテーマと「未来に残したい地域での体験」とのつながり、③そのテーマを盛り上げる上で障害になる事項、の3点を各自が指定されたドキュメントに記述し、その後ペアを作りお互いの記入内容に対してアドバイスをし合う、という「対話」を複数実施できるように設計を進めていきます。そして、このプロセスにもReflectionを必ず埋め込むように設計します。

❖3── 特定された重要な兆しを世間に通用する形に具体化する過程

　第二段階で特定された幾つかのプロジェクトは、「対話」の関係者間において共有されなくてはなりません。それと同時に、この重要な兆しは、第三者においても理解され、カテゴリー化されるなど、世間一般に通用するものにならなければならなりません。そしてその結果、それまで活動に参加していない人を含む多くの人々に重要性が理解され、その解決に向けた行動が促進されていくことになるのです。

　分かり易く言えば、みんなで取り組むべき課題がこれでいいのか、その解決策はこれでよいのか、「みんなの意見」を基にその課題に実際に取り組む人々

写真4 具体的なテーマの相互理解（遠野中学校の対話会から）

と解決に向けた行動を起こすために、その課題や解決策を具体化して相互に理解を深めようとすることなのです。

　なぜこのような段階が必要なのかといえば、これが行われないと、課題解決に向かって取り組む人々の間で、疑問や不安感、或いは不信感が生じることがあるからです。つまり、誰もが分かる形に、或いは、実際にやってみるような"塩梅"にしてみる、という活動が解決を目指した協働作業の前には必要なのです。

　この作業はチーム単位でその実効性を確かめながら、実践形式で進めていきます。例えば遠野中学校では、ペア対話で現れた需要な兆しをみんなで拾い集めながら、その関連性をチームで話し合いました。そして、取り組むべきテーマを決定した後に、テーマを進める上で必要な組織や人へのインタビュー、或いは実際にその組織の活動を体験して見るなどのField Workを試みました。そしてそのプロセスと結果を他のチーム間で発表し合いました。

1章　地域との関係性創りに必要な技術　　35

写真5 創造された「場」；みらい創りカレッジ

❖4── 具現化された事や仕組みを、実践活動として行動が発展する過程

　最後は、具体化された解決策をみんなで考え、そのための行動を起こさせるような試験的な段階と言い換えても良いでしょう。しかし、この実践活動として行動が発展する過程で、更に新たな人間ネットワークが生み出されます。そして、一緒に解決にむけて行動を共にしよう、という人々との関係性が新たに生まれるのです。別のチームとの統合や、他チームへの参加なども自由に行われます。

　私たちが兵庫県神戸市で実際に取り組んだプレリサーチでは、地域の人々が主導的且つ主体的に将来の暮らし方や産業構造の在り方などを話し合うフューチャーセンターという、解決策を検討し実践する「場」創りへと行動が発展し、実際に構築されました。また、熊本県人吉の取り組みでは、観光産業振興に役立つ活動が発展し、実践の「場」として「鹿児島カレッジ」が提案され、現在、大学生による旅行商品の開発が進められています。

　このように、コミュニケーション技術によって、課題解決に向けた重要な兆

しが実践活動へとその行動がワンランク進化するプロセスを経て実践の「場」が生み出され、共通価値を生み出すプラットフォーム創りが漸く動き出すのです。

9 ▸ 「みらい創り」活動に必要不可欠な人々

❖1 ── 行政側の旗振り役 (キーパーソン)

　私たちが遠野市での「みらい創り」に取組みはじめた頃の協働相手は、「遠野市産業振興部 連携交流課」でした。実は、最初は総務課と広報課にお邪魔したのですが、行政側は震災後の企業との連携や協業には大変慎重でした。法人と名のつくいくつかの団体が、遠野市にやってきては出て行く、そういった中では行政の慎重さはやむを得ないものでした。何回かのアプローチの後、連携交流課さんに"お鉢が回った"というのが本当のところです。

　企業として連携交流を深めるという作業や行為は、企業組織内や異業種間での研究開発など、期間や予算を限定したプロジェクト活動の場で実施されることが殆どでしょう。私たちにとっても、被災地を支援する活動を実施する行政組織との連携交流に取り組むのは初めてのことでした。

　昨今、社会連携、産学連携、地域連携等、連携という言葉が多様な場面で扱われています。本書では連携を、企業(または企業グループ)や行政組織が、他の企業、行政組織、そして行政区内のコミュニティ組織(基本的に地域の中学校区)との間で連絡を密に取り合って、特定された課題の解決のために一緒にプロジェクト活動をすることと定義しています。

　連携で交わされる多様な意見を真に役立つものにするには、情報の収集、共通言語への翻訳と伝達、というコミュニケーションを促進する組織的な取り組みが求められます。何故なら、行政やコミュニティ組織などからの情報をそのまま企業(または企業グループ)に流しても、その意味するところが十分に伝わるとは限らないからです。従って、その情報の意義、解釈、そして付随する情報やその価値も併せて伝えることが必要とされます。

　一方、国際交流、学術交流、研究交流等など、連携同様に交流という言葉

1章 地域との関係性創りに必要な技術　37

も多くの場面で用いられています。本書では交流を、企業（または企業グループ）や行政組織が、特定された課題解決を目的として各組織間の連携を図るために、行政やコミュニティ組織とのコミュニケーションを円滑にし、各々の組織や構成員間で協調した活動を実施すること、と定義しています。

　当時、遠野市の「連携交流課」は、前述の石田久男氏のリーダーシップのもと、災害対応だけでなく、教育・文化・産業・観光など、遠野市の重点政策における他の自治体や市内外の企業、そして大学や研究機関との連携強化を目的として業務にあたっていただけました。

　そして、その後は前述の「経営企画部　まちづくり再生担当」部門との連携が始まることとなりました。今は副市長になられた飛内雅之氏は、ほぼすべての「対話」に参加され、自身の考える遠野の未来をコミュニティ組織、研究団体、そして企業の組織人たちと語り合いました。同氏が私のカウンターパートをお引き受けいただいたことで、行政組織としては珍しい「横断的」な実践活動が実現することとなりました。そして、この部門からは毎年1名、カレッジの研修職員を派遣いただき、官民一体的な活動が実現しています。

　従って、私たちが地域社会において「みらい創り」活動を進める上で、まずはこれらの外部組織との連携と交流を戦略的に実施して、産官学民が一体となって「真の課題の特定と改善策の検討・実施」に取り組むことが必要なのです。そしてその為には、行政組織のキーパーソンが不可欠であり、そのキーマンと「みらい創り」の方向性をしっかり共有することが重要なのです。

❖2―地域との関係性を構築する伝道師（コミュニケーション・コーディネーター）

　オープンイノベーションなどの研究では、外部組織との連携や交流が大変重要な意味を持つとされています。それにはThomas J. Allen教授（1977）が初めて概念化した、ゲートキーパーが主要な役割を持つとされてきました。

　一般に、ゲートキーパーとは、組織や企業の境界を越えてその内部と外部を、技術情報を中心につなぎ合わせる人のことを指します。また、ゲートキーパーは、技術開発に入用な情報をさまざまな情報源から収集し、それを最もうまく活用できる人材、あるいはそれに最も大きな興味を持っている適切な人

材に受け渡す役割を持つとされてきました。

　しかし、本書で扱う企業や行政組織とコミュニティ組織間の連携交流においては、ゲートキーパーのように、単に技術情報を受け渡したり、技術開発の際に、専門知識を駆使して必要な技術情報をつなぎ合わせたりする役割では不十分だと考えています。何故なら、連携交流を成し遂げる組織または個人は、各々の間のスムースなコミュニケーションを図ることは勿論のこと、様々な実践知を持った個人或いはそれらが集合化された組織体を、内外の組織や個人と連携交流させることで、コミュニティ組織の課題発見と解決を実現しなくてはならないからです。

　知識経営の研究ではこのような方法を、新たな「実践知」を取り込み、新しいみんなの意見、いわゆる「集合知」を創りだす方法[*17]として示しています。本書ではこの方法論を活用し、コミュニティ組織の課題解決へと牽引する組織人を、コミュニケーション・コーディネーター（意思疎通を生み出す連携交流役）と呼ぶこととしました。

　私たちの組織では、このコーディネーターを地域に派遣し、先ほどのコミュニケーション・プロセスの設計と実践に従事させています。コーディネーターは、私たちが所属している企業組織内外の関係者とのコミュニケーションをベースに、地域社会やいくつかのコミュニティ組織との関係性構築を実践します。また、コミュニティ組織に属していない人々にもお声掛けし、「対話」の場で考え方などを伺うこともあります（図表4参照）。

　逆に、コミュニティ組織に所属している個人にコーディネーターがいる場合もあります。例えば遠野市で言えば、NPOなどのコミュニティ組織の代表者が、遠野市での代表的な宿泊形態である民泊[*18]受け入れ先との間で醸成された関係性を軸に、創出された「集合知」を活用してコミュニティ組織の総意形成のサポート役を担う活動がそれに当てはまるでしょう。この方のようなコミュニティ組織に属しているコーディネーターは、当然ですが地域社会を熟知しています。しかし、初めから「みらい創り」をご理解いただいてはいないため、コミュニケーション・プロセスの中でコーディネーター役をお願いすることが多くなります。

　コミュニケーション・コーディネーターには、地域社会の課題解決の為のプ

ロジェクト関与者に的確なアドバイスを与え、プロジェクトを活性化させること が求められます。更に、プロジェクトの全体の評価、市場調査や分析の役割 も担わなくてはなりません。従って、コミュニケーション・コーディネーターは、 企業や行政組織、そしてコミュニティ組織などの内外組織間または個人間の 連携交流のために、自らが各組織や個人間の意思疎通を活性化させ、課題 解決のためのプロジェクトを成功に導くために戦略的に取り組む役割として位 置付けることができます。

遠野市が取組むべき課題に向き合うためには、このコミュニケーション・コー ディネーターを私たちの外部、即ち行政やコミュニティ組織の中で機能させ、 そこでの連携や交流を通して課題発見のプロセス設計とリーディングをさせな くてはなりませんでした。

そこで、初期の「みらい創り」活動のコミュニケーション・コーディネーター の役割は、富士ゼロックス(株)コミュニケーション技術研究所のメンバーが担 い、「みらい創り」活動をリーディングしました。このコミュニケーション・コー ディネーターの実践的な取り組み事例は、南足柄市での実際の活動事例で、 後ほど詳しく説明いたします。

❖3 ── プロジェクト段階から「みらい創り」を監督する総合プロデューサー

プロデューサーとは、映画やテレビ番組などの映像作品、ポスターや看板な どの広告作品、音楽作品、テレビゲーム作品制作（製作）、など、制作活動の 予算調達や管理、スタッフの人事などをつかさどり、作品の企画から完成まで の一切を統括する職務とされています。現場のディレクターよりも広範囲な管 理指揮権を有し、制作物の商業的な成否について責任をもつとされているの です。

「みらい創り」活動においても、官民協同の初期プロジェクトの段階、コミュ ニケーション技術を用いた知識の集合化過程、カレッジという「場」の創造過 程、そしてカレッジでの各種プログラム企画と実行過程全般を管理し、広範囲 な知見をもとに着実にマネジメントを遂行していくことが求められます。

企業組織でのマネジメントとは異なり、多様な関係者との連携能力、必要な

図表4 コミュニケーション・コーディネーターの活動パス

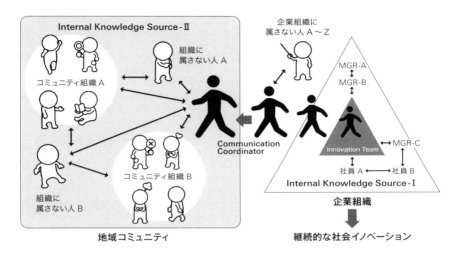

リソースを見極める能力、各種プログラムを構築していく能力、そして失敗から学ぼうとする省察的能力が必要な行動や様式の特性（コンピテンシー）といってよいでしょう。序文で示したように、これがプロデューサー型のリーダーとなり、プロジェクトをけん引していきます。

　これらの能力は前著の中では「みらい創りマネジメント」として表しました。詳細は後述いたしますが、このような人材を見出し、育てるのが大変困難なのです。コミュニケーション・コーディネーターは技術者ですので、ある意味設計手順を示すことでスキルの伝承はある程度可能です。しかし、みらい創り全般をマネジメントする人材育成には、いくつかの条件があります。これも後ほど詳しくご紹介します。

10 ▶ 閉校活用とコンセプト創造

　「みらい創り」活動の初動的活動は「対話」をベースに人間ネットワークの形成を目的とした「みらい創りキャンプ」であったことはすでに述べました。コミュニティ組織やその個人との関係性の構築から始まり、重要な兆しを特定し、

プロトタイピング（具現化を前提とした試作）へとつなげる活動がその活動の中心です。そして、その活動から得られた課題は、これまで遠野市で何度も取り上げられてきた"まちおこし"プロジェクトや、遠野スタイル（2005年より取り組まれてきたまち造りの方針）[19]を実現させる政策に組み込まれてきたものに近い内容であったのかもしれません。しかしそれは、多様な人々とのコミュニケーションを通じて総意を得るという、明らかにこれまでとは異なるプロセスを経て発見されたものでした。

　そのため、自治体やコミュニティ組織との「対話」を更に進めることで、「産学官民・世代・地域・国境を超えて、互いに学び合うことを通じて遠野のみらいを創造する」という解決策を導き出すことができたのです。自治体とコミュニティとの、納得ずくで協働的な実践活動を進めることができるような"段取り"なくしては、「みらい創り」活動は進まないのです。

　このような"段取り"の後、コミュニティ組織が主体性を持って「みらい創り」を考えていこうという対話を繰り返すうちに、閉校になった「旧土淵中学校」の利活用という提案を、遠野市及び土淵地区の皆様から頂くこととなったのです。決して「閉校利用ありき」の活動でなかったことはこれまでの説明でお解かりいただけたことと思います。

　私たちはこのご提案を受け、対話で抽出された課題解決の「場」として、閉校になった旧遠野市立土淵中学校をリニューアルして「遠野みらい創りカレッジ」[20]を設立すること、そこでのプログラムをコミュニティ組織と一緒に設計・実践すること、更に、私たちが運営を受託することなどについて、自治体側とコミュニティ組織に同時に提案し、合意を得ました。そして、その「場」を運営しながら「産学官・世代・地域・国境を超えて、互いに学び合うことを通じて遠野のみらいを創造する」ためのプログラムデザインに取り掛かったのです。

　カレッジ設立の目的は、「遠野市および近隣での"触れ合うように学ぶ"活動拠点として閉校を利活用する」というものでした。そして遠野市の後方支援拠点としての役割を重視し、「平時は地域のみらいを創造する活動によりコミュニティ組織との信頼関係を醸成し、有事には被災地支援の拠点として活用する」という目的も追加されることになりました。カレッジのコンセプトと関係者と共有する価値は図表5のとおりです。

図表5 カレッジの設立コンセプト

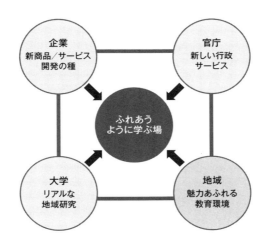

　このコンセプトの具現化に向け、私たちは、カレッジを学びあいの場として提供しつつ、参画者全員が価値を高めあうプログラムを開発していく必要がありました。キャンプから始まった「みらい創り」活動では、コミュニティ組織の取り組むべき「課題の特定」と「プロジェクトを推進する場の創造」までが達成されました。しかし、「触れ合うように学ぶ場」「遠野みらい創りカレッジ」では、それ以降の「課題解決の具体策」と「その手段の明示化と展開」を導き出さなくてはなりませんでした。何故なら、社会課題の解決と企業価値の向上を同時に達成することが、地域社会と私たち企業の社会的役割と考えたからなのです。

　次章では互いの価値を高めあう"協調的で協働的な実践活動"に焦点を当てて、どのようにプログラムを開発すればよいのか、そしてその実践活動はどのようなプロセスで進めればよいのかについて紹介いたします。

（樋口）

注：

＊3　大坊郁夫「コミュニケーションスキルの重要性」日本労働研究、2006年1月

＊4　学びや創造、問題解決やトレーニングの手法。参加者が自発的に作業や発言を行える環境が整った場において、ファシリテーターと呼ばれる司会進行役を中心に、参加者全員が体験するものとして運営される形態が最もポピュラー。

＊5　ある調査対象について学術調査等をする際に、そのテーマに即した場所（現地）を実際に訪れ、その対象を直接観察する研究方法。その際、関係者には聞き取り調査やアンケート調査を実施し、現地での史料・資料の採集を行うなど、学術的に客観的な成果をあげるための調査技法。

＊6　組織経営の古典的著作を読む（II）、ハーバート・A・サイモン『経営行動』、財政金融委員会調査室小野伸一、2013年11月

＊7　Malone T. W. et al.（2009）：Harnessing Crowds: Mapping the Genome of Collecting Intelligence, Working paper No.2009 - 001 MIT Center for Collective Intelligence, Cambridge MA

＊8　楠見孝「ホワイトカラーの熟達化を支える実践知の獲得」組織科学, 2014, 48（2）: 6 -15

＊9　保井俊之「集合知活用型オープンソースインテリジェンス分析モデルの構築」知識経営 Vol.5 No.1 2014

＊10　志村正道「集合知とウェブ」東京都市大学環境情報学部紀要第10号研究論文 I - 4, P32 - 39

＊11　代表的な資金調達には「クラウド・ファンディング」がある。クラウド・ファンディングは、不特定多数の人が通常インターネット経由で他の人々や組織に財源の提供や協力などを行うことで、防災や市民ジャーナリズム、ベンチャー企業への出資、フリーソフトウェアの開発、発明品の開発、科学研究、個人・事業会社・プロジェクトへの貸付など、幅広い分野への出資に活用されている。

＊12　楠見孝「心理学とサイエンスコミュニケーション」日本サイエンスコミュニケーション協会誌（2013）, 2（1）66 -71

＊13　大坊郁夫「コミュニケーションスキルの重要性」日本労働研究雑誌 48（1）, 13 -22, 2006 - 01

＊14　McGuire, W. J.: Attitudes and attitude change. In G. Lindzey & E. Aronson（Eds.）, The handbook of social psychology（3rd ed., Vol. 2, pp. 233 - 346）. New York : Random House, 1985

＊15　SECI（共同化；Socialization, 表出化；Externalization, 連結化；Combination, 内面化；Internalization）モデルでは、知識変換モードを4つのフェーズに分けて考え、それらをぐるぐるとスパイラルさせて組織として戦略的に知識を創造し、マネジメントすることを目指す。

＊16　伊東昌子河崎宜史他, プロジェクト・マネジメント学会研究発表大会予集 2007（春季）, 373 -377, 2007 - 03 -1

＊17　集合知；意見の多様性、独立性、分散性、集約性という4つの条件を満たした状況下では集団の中で一番優秀な個人の知力よりも、集団の知力のほうが優れている、という理論に基づく集団の知識。

＊18　遠野で最もポピュラーな農家等へのホームステイ。農林業の体験学習が同時に得られる。

＊19　遠野スタイル──山田晴義（著）、遠野市政策研究会編集

＊20　富士ゼロックスが遠野市と合同で行った「みらい創りキャンプ」の成果として、2014年4月から閉校となった旧遠野市立土淵中学校を活用して設立された市民を中心に外部と交流して「触れ合うように学ぶ場」。

2章

関係者の共通価値を創造する「協働的実践プログラム」

1 ▸ 共通価値とは何か

　近年、企業が自社の利益を出すためだけに商品やサービスを開発、生産、そして販売、流通させる、という考え方は社会に通用しなくなってきたという論調が目立ってきました。

　多くの企業は、社会的な責任を果たすことを目的として、CSR（Corporate Social Responsibility：企業の社会的責任）の考え方を経営に導入し、それを推進するCSR部を設置してきました。そのCSR部では、公正な事業及び労働慣行、格差社会是正への投資などの人権の尊重、CO2削減など環境に関する法律・条例の厳守、文化事業への貢献など、様々な業務をこなしています。首都圏の多くの企業で東日本大震災後の復興支援に積極的に取り組んだのも、この部門が中心でした。

　ところが昨今、経営戦略論の分野を中心として、従来のCSRに加え、自治体やNPOなどと連携して社会的なニーズを掘り起こし、資金を出し合ったり、組織間で協定を結んだりして、両者の共通価値の実現を追求すべきだという考え方が生まれています。それが「共通価値の創造（Creating Shared Value[21]：以下CSV）」という考え方です。

　震災復興、環境負荷低減、高齢化社会など、社会課題は因果関係や利害関係が複雑に絡み合い、解決が容易ではない事が多くなってきています。CSVの考え方は、このような社会の課題に対して、企業が事業との接点を見出し、それらの解決と利益の追求を両立することによって、社会と企業が共に成長できる状態を作り出すことを目指しているのです。

　そのためCSVのアプローチでは、企業は私益追求によって株主に配当をもたらすことのみではなく、地域社会の人々とともにそこに内在する真の課題に立ち向かい、それを解決する組織としての実践的活動の側面が優先することになります。その結果として、企業は地域社会の信頼を得て、地域社会の必要とするもの、つまり社会的なニーズを理解することができます。そして、このようなニーズに応えるために、企業が持つ資源の中でも、人材、情報、技術、組織、そして知識などを活用することにより、それまでは見えていなかった新たなビジネスを起こすチャンスが生まれます。

この過程では、信頼関係に基づくコミュニティ組織との「対話」が必要であることを知識経営の研究者は指摘しています。この「対話」は、既存の商品・サービスの改善だけではなく、新しい商品・サービスの開発のカギとなるとされています。

　その共通価値を創造するためには、社会に存在する様々な利害関係者と共通価値を探り、それを実現するための実践的な行動を起こす必要があることが、被災地の復興支援活動や遠野市での実践活動でわかってきました。しかし、共通価値を創造する際の障壁として、集まった人々の立場や背景の違いから生じる意見の食い違いはおろか、そもそもコミュニケーション自体が始まらないことも、これまでの研究や遠野市での初期の活動から明らかになってきました。

　「みらい創り」活動では、これらのコミュニケーション課題を解決すれば、企業や社会は確実に共通価値を実現できる、との立場に立ってコミュニケーション技術を用いた知識の集合化過程、カレッジという「場」の創造過程、そしてカレッジでの各種プログラム企画と実行過程全般において、常に「共通価値の創造」を意識したマネジメントを実施しています。前著ではその設計方法についてご紹介しましたが、本書ではあらためてその設計方法の詳細を示し、それを活用した具体的ないくつかのプログラムをご紹介いたします。

2 ▶ 共通価値中心設計と実践的な活動例

　2015年度以降、遠野みらい創りカレッジでは、「交流」、「暮らし文化」、「産業創造」の3つのカテゴリーを、プログラムの柱として活動しています（図表6参照）。

　前著では詳しくご紹介できませんでしたが、共通価値中心設計（Shared Value Centered Design）とは、課題解決の関与者を、コミュニティ組織を運営する全ステークホルダーまで広げて、「コミュニティ組織の総意を得ながら設計者がコミュニティの未来の創造、具現化のためのコンセプトと共通価値創造、決策の提示までを行う設計方法」として、カレッジでのプログラムの企画段階から利用している手法です（図表7参照）。

図表6 2015年度 遠野みらい創りカレッジ プログラム概要

区分	プログラム			カリキュラム概要
	NO	名称		
交流	1	みらい創り活動	地域交流	自然や伝統文化を大切にするための交流促進活動
			域外連携	食や芸術・スポーツを題材とした連携促進活動
	2	みらい創りキャンプ		オープンテーマの対話会／テーマ別ワークショップの開催
暮らし文化	3	中高一貫学習P開発（総合学習授業支援）		・中高生向け教育プログラム開発（コミュニケーション技研活動支援）
	4	学際連携	ゼミ・サークル等団体企画	大学生向け研究活動支援プログラム開発（各大学のテーマ企画に基づくワークショップ・発表会の実践）
			インカレ活動企画設計	大学生による地域貢献研究パターン設計
	5	地域研究	防災・減災研究	災害時後方支援拠点研究会
			文化資本研究	遠野・京都文化資本研究
産業創造	6	地域創生	リーダー育成	みらい創造プログラム（プロジェクト計画作成を地域の実情に即して学習）
			企業・団体研修	遠野・沿岸被災地をベースとしたフィールドワーク
	7	産業振興	農業トレセンプロジェクト	農業トレセン岩手、遠野パドロン、ゲストハウスプロジェクト推進支援
			東北ブランド貿易振興	サレルノ等への東北ブランド品輸出の実践プロジェクト推進
			商業地活性化	「プレイスメイキング」を絡めた一日市商店街活性化トライアル

　この設計方法は、前述のコミュニケーション・プロセスをベースに、カレッジという「場」でのプラグラム開発時に、産官学、そしてコミュニティ組織といったすべての参加者や関与者が価値を共有できるよう、私たちと研究員たちで開発した新たな設計技術です。それは、参加者による課題解決に必要な領域を仮設することから始まりますが、この段階を含めそのフレームワークは大きく分けると以下の5つに分類されます。

1. 課題解決に必要な領域の仮説
2. 地域社会の可能性把握
3. 未来のユーザーの要求事項の整理
4. 変革に必要なコンセプト創造
5. 具現化に向けたプロジェクトの特定

そしてそのフレーム間に以下の5つの具体的な実践活動が入ることで、この設計の外郭が出来上がります。

A. 関係するコミュニティ組織の構造把握と信頼性構築
B. 関与者全員が参画した対話による要求事項（ニーズ）の把握
C. 要求事項を実現に導くために必要な機能や仕組みの調査分析
D. コンセプトを具現化する未来の姿を多様なメンバーと描く
E. 行政やコミュニティ組織へ解決策とその工程表の提示

この設計方法の中心に据えているのが、共通価値とその獲得に向けた実践です。上記の5つの実践活動の4段階目と5段階目の間で、必ず「コミュニティ組織と関連する産官学、それぞれの共通価値の整理」を関係者間で実施することがこの設計方法の肝となります。そして、創造されたコンセプトを、この共通価値が達成されるコンセプトに修正した上で、解決策とそれを実現する工程表を再提示します。この最終工程を経て、初めて共通価値中心のプランに落とされるわけです。

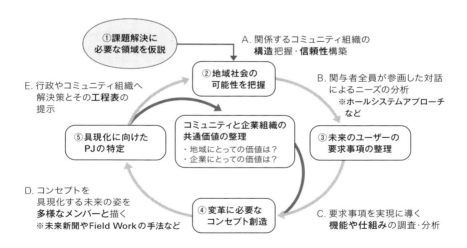

図表7 共通価値中心設計の概念図

2章 関係者の共通価値を創造する「協働的実践プログラム」　49

それでは、論より証拠、実際に共通価値中心設計というデザイン手法を用いた「産業創造」カテゴリーに含まれる「事例①；みんなの未来共創プログラム」、「暮らし文化」カテゴリーに含まれる「事例②；大学生の主体的な活動を支援するプログラム」、そして同カテゴリーから、「事例③；災害時後方支援拠点開発プログラム」をご紹介いたします。

❖事例１──「みんなの未来共創プログラム」の開発と実践

　「遠野みらい創りカレッジ」では、リーダー的人材育成を「みんなの未来共創」というプログラムに設計しています。

　このプログラムは、富士ゼロックス㈱の東日本大震災の復興支援活動を通じて得られた省察的実践[22]をベースに、様々な経験・手法・リソースを組み合わせて設計されています。その全工程は約６ヶ月間で、首都圏を中心とした企業の方々が、遠野市民・行政・企業などの人々と、組織を超えて「潜在する共通価値」を見つけ出し、「みんなの未来を共に創り出す」ことを目的としています。

　そして、東日本大震災の被災地の後方支援拠点となった遠野市を舞台に実践していくことを前提に構成され、幾つかの手法を組み合わせてコミュニティ組織の構造や信頼性把握から、コンセプトを具現化する参加企業や団体の未来の姿を、多様なメンバーと描くプロセスを協働で実践するものです。設計手順に照らし合わせて、プログラムの内容をご紹介します。

① 地域社会の可能性の仮説提示

　欧州委員会の「リスボン戦略[23]」では、「欧州をCSRに関する知の中心」とすることに焦点が当てられました。ここで確認された新しいCSRの定義は「企業が自主的に、その事業活動の中に、または、ステークホルダーとの関わりの中に、社会及び環境への配慮を組み込む」というものでした[24]。私たちは、「みらい創り」を進める上において、この新定義が大変重要であると考えました。

　私たちの「みらい創り」活動のひとつが、共通価値創造の「場」の創造に帰結したことは前にも述べました。その過程で多くの関係者からあがった声は、

「首都圏と遠野市、それぞれ環境や事情は異なるもの、地域社会課題を発見して新たな企業価値を獲得したい」（地域社会の可能性）というものでした。そこで、このような共通の思いを叶えるために「遠野みらい創りカレッジ」が活用されれば、全く新しい産業創造のアプローチができるはずである、との仮説を立ててみんなの未来共創プログラム（以下；未来共創）の設計に入りました。そしてこの設計思想には、企業の自主的な活動やステークホルダーとの関わりの中に、社会及び環境への配慮を組み込むこととしました。

　未来共創では、プログラムの設計及びコミュニケーション・コーディネーターを外部の教育事業会社に委託し、私たちのメンバーの一人が専門の設計者として実践活動をサポートすることとしました。

　その教育事業会社は「ウィルウィンド」さんで、社長の冨田直子さんは自ら企業研修の企画とアレンジ、そして実施までのトータルコーディネートをされています。ウィルウィンドさんは、「想い（will）を次の世代に届ける風（wind）」となることを社是としており、人々の「過去」「現在」「未来」を思う気持ちを見出して、つないでいくことを企業研修や教育研修の企画の根幹において「クリエイティビティを発揮する個人、或いは組織」を創りだすことを目的に活動されています。この考え方がカレッジの目指す姿に近いことから、私たちは協力し合って「触れ合うように学ぶ場」創りを実践しています。

② コミュニティ組織との関係性構築

　さて、記念すべき本プログラムの第一回目（2014年）では、エスノグラフィ[25]という手法を応用し、地域社会の可能性を発見する活動を通じて、コミュニティ組織との関係性構築・強化を図りました。

　エスノグラフィとは、文化人類学、社会学において用いられる、Field Workから社会や集団を調査する手法です。この手法ではField Workが重視されます。未来共創プログラムへの参加者は、いくつかのField Workを組み合わせて、地域社会の未来を発想する材料を見付け出すように設計しました。

　参加者は、チーム単位で独自のルートを辿って、晩夏の遠野を歩き廻ります。あるチームは、宮守町にある通称「めがね橋」の前で大勢の鉄道ファンらに混じりながら、観光列車「SL銀河号」が現れるのを待つ間に、遠野の農林業に

ついて地域の人々と話し合うことができるような構成にしました。また、めがね橋のそばにある「道の駅みやもり」で現地の人たちと交流できるよう、コミュニティ組織にも働きかけることとしました。

さらには愛宕神社や、五百羅漢、卯子酉様（うねどりさま）などの伝統的な文化資源を周り、生と死というものが必ずしも相反するものではなく、お隣同士で一体となりながら互いを浮かび上がらせているものであることを感じ取ることなどの結果を得たチームもありました。エスノグラフィの実施は、第一回目のみとなりましたが、地域の資源を把握していない段階では、参加者の眼をお借りして資源の確認ができることを十分確認できました。

第二回目（2015年）のプログラムでは、エスノグラフィに代わって、関係性構築のために別のField Workを採用しました。また、遠野市の第三セクター（公営法人）、地元の産業企業、そして観光協会といったコミュニティ組織やそのリーダーとの対話やインタビューによる情報収集と分析という、独自の関係性構築を支援する作業をプログラムの構成に追加しました。そして、未来共創の最初の狙いである「コミュニティ組織との深い関係性」が自然と構築されることとなりました。

各チームは、Field Workの後、遠野の未来をグループワークで描き出す工程にはいりました。そこでは、遠野の未来を描くためには、遠野が昔から持っているリアルで貴重な価値（文化、風土、歴史など）を、参加者全員で理解しながら作業が進められました。その結果、地域の価値とそれをサポートするコミュニティ組織が、相関図として描き出すことができました。そして、この手法は、通算第三回の開催となった2016年度も継承しています。

③ 要求事項の調査・分析、コンセプトを創造、工程表提示

次の段階では、Field Workを通じて関係性を活用し、その結果の分析をコミュニティ組織や新たなサポーターと対話を行った上で、「未来新聞」[*26]という手法を使用します。この手法は、参加者の創造力を飛躍させ、その結果、遠野という場所の持つ本来的価値を増幅拡大させるもので、参加者は未来の出来事に未来の日付を付けて新聞記事形式で記述する。そして5人一組のグループで、この新聞の記述内容を進化させていくという手法です。

2015年度の未来共創からは、遠野や首都圏から参加した企業人が、所属する企業の未来新聞を描いた後、自分以外の第三者（他の参加者；コミュニティ組織、行政、サポーター）がさらに未来を具現化または発展化させる、新たなコミュニ

写真6　未来新聞を発表した松田希実さん（左）と大森友子さん（右）　一日市商店街の活性化　地域振興マルシェ

ケーション手法を開発し取り入れました。この手法は、「岡目八目」的なメタファーを参照したもので、（囲碁の世界では「わきから碁の対局を見ている人は、実際に打っている人よりも八目も先まで手を見越す」こと）事の当事者よりも、第三者のほうが情勢や利害得失などを正しく判断できることを促すように設計されています。これには、各企業の技術をベースにした未来の市場や顧客を、客観的に予測できる効果があるとされています。

　この考えを敷衍して、「どの人も、自分のことや自分の会社のことを意外によく分かっていない。だから個人や企業の話を第三者がきちんと聞いた上で、ある意味傍観者的な視点からその人ないし企業についての未来新聞を記述」できるよう、プログラムを設計しました[27]。その結果6社8件の未来新聞が完成したのです。

　参加者の未来新聞が出揃った後、プログラムの後半では、未来新聞記事の嬉しさや役立ちといった価値を見える化し、その価値を同じグループのメンバー全員によって、更に向上させる設計を試みました。

　未来新聞向上のために、2回（遠野と首都圏それぞれ1回ずつ）のフォローセッションを重ねて記事の完成度を上げ、記事の内容を現実化するためのプロジェクト案を策定しました。そして、サポーターを交えて、そのロードマップを提示した上で、最終回の発表会の場では、行政やコミュニティ組織に具体的な提案を実施するようなシナリオとしました。

　昨年度のプログラムを終え、コミュニティを巻き込んだ次のプロジェクトへと進むことになったのは、遠野の商店街再生構想と、遠野や東北地方の生産者

と海外の消費者を繋ぐイタリアとのトレーディング構想、そして地域振興マルシェ構想でした。

この3つの構想は、今年度のみらい創りカレッジの産業創造カテゴリーで、第二回目の共通価値中心設計を用いた設計へと移り、具現化のためのプロジェクトが開始され、既に調査やプロトタイピングへと進んでいるものもあります。

❖事例2──大学生の主体的な活動を支援するプログラム開発と実践

このプログラムは、大学卒業後に組織や社会を牽引する人材として活躍するために必要な「リーダーシップ」の基礎を体得することを目的とした、専修大学の講座を支援するために設計され、コミュニケーション・コーディネーターにはソフトウエア企画開発においてプロジェクト・マネジメントを務めた技術者を配置しました。

プログラム設計は、未来共創プログラムの設計者が携わり、未来共創造プログラムでも用いたField Workを取り入れ、関係性構築と要求事項の調査・分析に活用しました。

① 地域社会の可能性の仮説提示

はじめに、「地域社会の可能性把握」のために、学生主体で徹底的な事前調査を実施していただきました。その中から彼らは、東日本大震災以降の遠野市における野生鹿の大幅な増加に着目しました。また、調査の過程で、野生鹿をはじめとする害獣の捕獲駆除には、多大な費用と人手が必要であることが判明したのです。また一方で、捕獲駆除した野生鹿の利活用について大きな可能性と、インバウンドの増大や雇用創出機会についても話し合われました。

その結果、害獣の捕獲駆除を目的とした「コミュニティ・ビジネスの創造」という仮説（地域社会の可能性）が導き出されました。そして、その可能性を確かめるべく、プログラムに参加する大学生5名が、実際に遠野市を訪れたのです。

② コミュニティ組織との関係性構築

彼らは次に、コミュニティ組織の構造把握と関係性構築を試みました。その

結果、遠野市猟友会、ニホンジカ捕獲応援隊の方々といったコミュニティ組織やそのリーダーが連携しながら害獣の捕獲駆除に対応していることがわかりました。

そこで、コミュニケーション・コーディネーターは、みらい創りカレッジのスタッフと連携して、各コミュニティ組織の簡易相関図を作成し、行政側にコンタクトと本プログラムの概要提案を実施し、その推進の合意を得ることができました。そして主なコミュニティの代表者や行政サイドをカレッジに招き、学生たちとの Work Shop を企画し、対話会をコーディネートしたのです。

また、行政側の窓口である遠野市農林畜産部の方と対話を通じ、自然の中にある捕獲現場で、どのように狩猟・捕獲するのか、動物の生命に関わる人々の想い、あるいは課題などについて具体的に説明を受けながら考えるという、非常に心に響く Field Work と経験学習体験を得ることとなりました。

③ 要求事項の調査・分析、コンセプト創造

次に彼らが実施したのが、関係者の要求の調査・分析でした。2015 年 11 月現在、第二回目の Field Work で遠野市では野生動物の住環境の放射能汚染により、野生鹿を自家消費以外での用途で食用とすることができないこと、猟銃を使用した狩猟には高い倫理観と、銃の管理のための高額な維持費が必要であること、などがわかりました。

更に、野生鹿捕獲応援隊（ワナ免許を持っている狩猟者の補助者として活動する人）との対話から、彼らが強化したい主な役割が、次の 3 点であることがわかりました。

1. 作物被害を減らす対策として設置されたワナへの見回り支援
2. 被害を未然に防ぐ電気牧柵の設置支援
3. 捕獲後の処理や利用についてのボランティア等

Field Work を重ねる中で、遠野市及び各団体では、鹿革を利用した商品による新事業の可能性などが議論されていることも判明しました。その結果、大学生たちが仮説として提示していた「遠野ハンタープロジェクト」を取り入

写真7　遠野市猟友会、ニホンジカ捕獲応援隊の皆様との協働作業

れた「ふるさとを守り育てる"捕獲ツーリズム"」コンセプトが創造されることとなったのです。

　そこには、参加する大学生たちの「普段生き物の恵みについて感じることが少なく、野生動物の生命に関わる人々の想いを同世代の若者に伝える場を創りたい」という思いも込められています。それはインターネットや電話ではなく、害獣駆除に日々奮闘をしている地域の方々から直接話を聞くことの大切さを感じた、学生一人一人の心に芽生えた問題意識でした。

④ 解決策の提示とプログラム開発の方向性

　この取り組みについては、2015年11月11日、私たちの他、学生、指導教官などの関係者が参加した情報共有会で、中間発表を実施しました。100人を超える聴衆の前で、学習の本来の目的である「実行」におけるリーダーシップの考え方について、学生たちは堂々と発表することができました。そして、東京大学工学部の堀井秀之先生からは、「実践活動から内省をして、そこから知見を抽出する事が大切であり、結論を文章化、言語化することは、経験学習、実践学習においては非常の効果がある」との講評を頂きました。

　本プログラムでは、共通価値中心設計の概念から、「プロジェクトの特定」まで進むことはできましたが、今後は、大学、コミュニティ組織、企業のそれぞれが享受する共通の価値について整理をし、「解決策の提示」をしなければなりません。そのため、11月下旬に、ほかの大学の学生と共同で検証をおこなうための、テストツーリズムを実施しました。

　本プログラム開発に携った結果、遠野みらい創りカレッジにおいて大学生が学習や研究をすすめていくためのメソドロジーとして次のことがわかりました。

　それは、コミュニティ組織と大学を結び付けながら、教養教育と専門教育を

補完する経験学習の場を提供し、主体的かつ協働的に学ぶアクティブ・ラーニングのための実践の場として、多様な立場の人々やさまざまな組織と連携してつながりつづけることでした。

従って、遠野みらい創りカレッジの各カテゴリーにおいて成果を生み出し続けるためには、開発プロセスを体系化し、実践へと導くマネジメントが発揮されなくてはならないことがわかりました。

❖事例3 ── 災害時後方支援拠点自治体研究会のプログラム開発

今から約120年遡る明治29年（1896年）、日清戦争の戦勝気分明けきらぬ6月15日午後7時32分、遠野市では旧暦の端午の節句の行事を終えた一家団欒の最中、揺れるランプを抑える程度の地震を感じたといいます。ところが、三陸海岸は激甚な津波被害を受けていたのです。この災害が、約2万2千人の犠牲者を出した「明治三陸地震津波」でした。

当時の遠野市にはまだ電話がなく、津波発生の翌日に次々と仙人峠、笛吹峠を越えて避難してきた釜石・大槌方面からの被災者によってその状況が明らかとなりました。これは、2011年3月11日の東日本大震災発生後の様子と同様、有事の際にはいかに情報伝達が困難なのかを表したエピソードです。

しかし大きく異なるのが、釜石町（当時）だけで1,108戸のうち898戸が消失し、全人口6,235人のうち4,041人が死亡。当地に製鉄所ができて大いに活気付き、戦後9万に登る人口を抱える前の時代です。コミュニティの7割が一瞬のうちに消失したという点で、「明治三陸地震津波」の被害の甚大さが見てとれます。

後方支援拠点開発の必要性は前著で表しましたが、東日本大震災と同規模の地震や津波が、日本列島の何処に、何時、どの程度の被害が生じさせるのかは予測不可能です。私たちは、遠野市の防災担当者や震災後遠野での活動経験のある企業に、平時から有事を想定した地域との協働的な活動ができないかと、相談を持ちかけていました。そこに、遠野市から正式に、姉妹都市などの関係のある市町村と連携した研究会を持つことで、防災意識を一層高めるプログラム開発の相談が持ち込まれたのです。

2章　関係者の共通価値を創造する「協働的実践プログラム」　57

遠野みらい創りカレッジでは、平時から有事を意識した拠点開発に既に着手していたことから、民間企業のノウハウと、自治体の水平連携が連動した"災害時後方支援拠点自治体研究会"を発足し、共通価値中心設計に基づいて具体的な準備をすすめることとしました。

① 地域社会の可能性の仮説提示

遠野での先人の活動、そして3.11の遠野市の取り組みを参照することで、後方支援に適した地域を選定してその地域の課題を特定し、平時にはその課題を解決する取り組みを産官学が連携して取り組みながら、有事には他の自治体と水平連携して機能的な復旧支援を実施できる地域創り（創生）活動が不可欠である事がわかってきました。

そこで私たちは、平時から訓練や研修、防災に関する研究や教育活動、そして物資備蓄や物流などが行われていれば、有事の際にはコミュニティ全体で被災地を支援することができる、との仮設を提示することとしました。

② コミュニティ組織との関係性構築

この研究会では、遠野市と姉妹関係である市町村群と、武蔵野市交流市町村協議会参加市町村群に呼びかけ、災害時の後方支援拠点自治体間での水平連携について話し合うことを出発点としました。

準備会議への参加自治体は、武蔵野市、三鷹市、調布市（以上東京都）、南足柄市（神奈川県）、安曇野町（長野県）、大府市（愛知県）、西米良村（宮崎県）、菊池市（熊本県）などで、防災担当者が出席して日頃の防災に関する対応状況を発表し合いました。

このプログラムのコミュニケーション・コーディネーターには、防災士や環境経営指導の資格を持つ企画担当者を任命し、対話会等の設計には、外部の防災コンサルタントに協力を仰ぎながら、部内の設計チームの専門家があたりました。

この対話会では、コミュニケーション・コーディネーターが非常食の保全や、災害時の行動をテーマに対話会を設計しました。そして、防災に関心の高い首都圏の企業、遠野市の自主防災組織、そして行政からは消防組織も参加し

て、有事を想定して平時から取り組む事をテーマに、Work Shopを実施しました。これによって多様な組織との関係性が構築されることとなり、コミュニティ組織との継続的な防災研究会を実施していくこととなったのです。

また、Field Workでは遠野市の防災センターと、東日本大震災で遠野市が官民一体で取り組んだ沿岸被災地後方支援活動に係る記録資料を展示する『3.11東日本大震災　遠野市後方支援資料館』を訪れ、後方支援に関する実践例を全員で学習しました。

③ 要求事項の調査・分析、コンセプト創造

半年の準備を経て、2015年の10月に開催された研究会では、各自治体が取り組む自主防災体制が発表されました。その分析から、自主防災組織の相関図と統制（司令）一覧が作成され発表されました。また、Work Shopでは自治体が取り組む有事の水平連携が議論の中心となり、平時に取り組む自主防災に必要な機能が各自治体から発表されました。

その結果、「平時から取り組む防災連携と、それを可能にする効果的な自主防災組織の形成」と、「後方支援拠点間の防災協定の締結」というコンセプトが抽出されることとなりました。更に、企業、地域社会、研究機関、それぞれが果たすべき役割とそれによって得られる価値が整理され、その基本となる自治体間の「防災協定の締結」が準備されたのです。

2016年の10月には第3回の研究会が開かれ、平時における水平連携のあるべき姿をテーマにパネルディスカッションを実施しました。そこでは、熊本地震の際に菊池市へ支援物資を届けるための遠野市、武蔵野市、大府市の水平連携がどのように行われたのかが紹介され、参加者約100名で議論がなされました。また、昨年の台風10号の被害により実際に地域の避難所になった遠野みらい創りカレッジの体育館などで、避難所設営の訓練も実施されました。（写真8参照）

④ 解決策の提示とプログラム開発の方向性

遠野市ではすでに防災協定をいくつかの自治体と締結していましたが、今回の研究会での関係性の構築から、後方支援拠点の後方先である南足柄市

写真8　2016年　災害時後方支援拠点研究会での実践的な活動（避難所設営訓練）

との間で協定締結が計画され、昨年11月に締結されました。

　企業はこれらに必要な考え方を調査し、ノウハウを自治体に提案し、BCPや設備を一括で提供することができます。従って、地域の自主防災組織と連携し、カレッジで訓練や備蓄品の相互補完などをすすめることとしました。共通価値を中心においた設計に基づいたプログラム推進活動の結果、相互に共通価値を見出すことができ、自主防災準備を支援する事業化の道筋も整いつつあります。

　このように、後方支援拠点開発でも新たな産業振興のシーズが確認され、共通価値に基づく産官学の連携が始まっています。このプログラムが開発されたことで、今後開発される後方支援拠点では、同様のプログラムを展開し、共通価値の共有を促進していく予定です。

3▶東京大学との協働的な実践活動

　本章の最後に、東京大学の堀井秀之先生、プログラム・コーディネーターの小川悠さん他の皆様と連係して進めている「東京大学イノベーション・サマープログラム（通称；TISP）@東北」での、実践的な取り組みについてご紹介します。

　TISPは、東京大学 i.school[*28]が提供するイノベーション教育を、東大生、世界中から選抜された大学生、そしてプログラム開催地の高校生たちとで学びあう2週間のサマープログラムです。東大生と世界中から選抜された大学生は、まずイノベーションを生み出す作法を東京で学びます。その後、東北や他地域に場所を移動し、実社会の課題に対して学んだ作法を実践します。その際、開催地域の高校生と共同で実践的な作業を行います。（遠野市では2016年8月7日～12日）

過去3回にわたって実施されたプログラムでは、海外からはハーバード大学、MIT、UCバークレー、ケンブリッジ大学、ロイヤル・カレッジ・オブ・アート、アルト大学、清華大学、シンガポール国立大学、インド工科大学をはじめとする学生が選抜され、プログラムに参加しました。高校生は7月のプレプログラム（事前学習とField Work）、8月のサマープログラム、9月の成果発表会を通じて、言葉を超えたコミュニケーションを学ぶとともに、地域の問題を真剣に考えることができるリーダー的人材になることが期待されます。

　2014年からの2年間は東京と東北の地をフィールドに設定し、プログラムが実施されました。参加者は東京でのイノベーションプログラムの終え、東北の復興状況や遠野における地域課題を題材に、Field Workと民泊を中心に地域の人々や資源と接しました。

　2016年度は交流地域を東京ー東北だけでなく、東京ー新潟そして、東京ー宮崎と連係拠点を合計3箇所に設定して、参加者が3グループに分かれてプログラムを実践しました（図表8参照）。

　その中の東北プログラム（＝遠野プログラム）では、残念ながら3箇所に分散したことで東大生及び海外大学生の参加総数はこれまでの60名から20名に減少しました。しかし、海外からの参加者はUSA、GB、オーストラリア、デンマーク、インド、マレーシア、シンガポール、チリ、韓国、中国と多彩且つ、彼らが大学で学んでいる専門課程も、経済、工学、バイオ科学、宇宙工学等々、

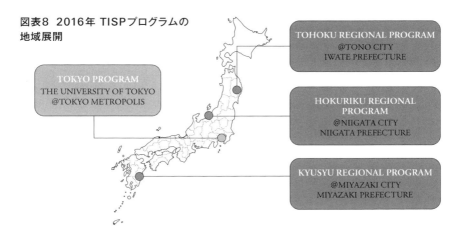

図表8　2016年 TISPプログラムの地域展開

2章　関係者の共通価値を創造する「協働的実践プログラム」　　61

多様な学生が参加してきました。

　彼らに合流するのは、従来から参加していた「県立遠野高校」以外に、新たな参加校として「県立花巻北高校」を加え、Field Work 先としては「県立遠野緑峰高校；草花研究班[*29]」を選択するなど、高校生との連係・交流活動の幅をさらに増やしました。

4▸共通価値の創造を目指したField Work

　これまでの2年間はTISP独自のプログラムでしたが、本年度の遠野プログラムではTISPの目指す社会イノベーションの実現をサポートするため、「遠野みらい創りカレッジ」が開発してきた共通価値中心設計を活用し、TISPとカレッジが協力し合って5箇所のField Work（発酵食品、林業、中高生の教育、子育て、ホップのサプライチェーン）をデザインしました。そして、7月9日〜10日は高校生が、そして8月7日〜8日は大学生がそれぞれ5グループに分かれてField Workを実践しました（図表9参照）。この「遠野みらい創りカレッジ」とTISPの協働・協調的な実践活動は、遠野での新産業や魅力ある高等教育プログラム創造のOpportunity（機会）を抽出しただけでなく、遠野の国際交流の在り方についての新たな示唆を、広く市民に示すことになりました。

　5箇所のField Workは、それぞれテーマごとに実際の仕事場や地域の取り組み現場を調査するもので、約20の現場で専門家や支援団体の皆さんにご対応いただきました。これらは、カレッジ設立当時では考えられなかった強い関係性をベースに設計されたといっても過言ではないでしょう。そして、延べ30人に上る地域の人々がそれぞれのFieldの現状をお話しいただきながら、高校生や大学生の疑問にお応えいただくという、参加者相互に価値を感じあえる、まさに協働的な実践活動となったのです。

　高校生にとって、地元の産業や自ら学んできた教育制度を調査するという経験はこれまでありませんでした。同様に、大学生も地域（或いは日本）の第一次産業の現状、教育や子育て現場の課題に触れることなど殆どなかったでしょう。このField Workの中から、「中高教育の魅力アップ」を担当したチームにおいて、どのような価値創造がなされたのかをご紹介します。

5 ▶ 地域社会との協働的実践活動から
　生み出される価値

　「中高教育の魅力アップ」については、まず市民の立場から遠野の産業と教育の繋がりを考えておられる「民宿とおの」の佐々木要太郎さんへのインタビューからスタートしました。佐々木さんは民宿を経営する傍ら、岩手では佐々木さんしか栽培していないお米「遠野1号」を無農薬・有機栽培で育て、どぶろくや飯米用に使っています。また、サラミやチーズなどの発酵食品の開発にも積極的です。企業家精神をどのように堅持し、食品開発を通じて遠野市の教育にも貢献していきたいとの思いが高校生の胸に響きました。

　次に、ホップ収穫後に廃棄していた蔓を再利用して「和紙」の製作と流通を研究している、前述の「遠野緑峰高等学校；草花研究班」の3年生9名と、顧問の村上先生から、研究の経緯と課題の発表をいただき、情報共有を実施しました。草花研究班は先輩たちの生産技術開発の取り組みを引き継ぎ、生産技術の改良に取り組んできました。そして、素材としての和紙の活用方法を中心に市場開発にまでその研究を広げています。

　また、教育行政の立場から「遠野市教育委員会　教育部」澤村部長さんから、遠野の教育の現状と課題の説明をいただきました。行政は魅力あふれる教育環境を検討中です。市制の中心的な課題に対して、高校生や大学生から多くの質問を投げかけることができました。

　更に、実際の教育現場である「遠野市立遠野中学校」を訪問し、3年生の学年主任の西田先生から実践的な「総合学習」を中心とした遠野ならではの教育スタイルについてご説明いただきました。西田先生を中心とする3学年の先生方は独自にコミュニケーション技術の活用方法を習得され、中学生の自主的な課外活動を指導されています。ここでも熱い質疑応答が展開されました。

　このField Workを実施した後、高校生は遠野の魅力を再確認し、生徒と教員が同じ目線で「遠野の資源を活用した新産業の機会創出」というテーマを導き出しました。一方の大学生は、例えば伝統芸能の伝承、語り部などの遠野独自の学び方をデータベース化し、遠野教育のプラットフォームを作ろう

図表9 2016年 TISP遠野プログラム Field Work 概要

A 発酵 Tono-Fermentation
発酵食品を通して遠野を考える

時刻	行程	手配関連
8:00	東大大学生＋海外大学生（高校生：太野、岩間、菅原、小向）	神田さん（サブ：小川）・カレッジ：佐々木
8:15		
8:30		愛実さん：一名（ワゴン）
8:45	共通事前レク＠カレッジ	
9:00		
9:15	8:30〜9:40	
9:30		
9:45	車移動 カレッジ→要	
10:00	民宿とおの要 佐々木要太郎さん	Fermention と Education 合同 すべてお話を伺う
10:30		
10:45	10:00〜12:00	
11:00		
11:15	情報共有＠カレッジ	
11:30		
11:45		
12:00	車移動 要→カレッジ	
12:15		
12:30	昼食＠カレッジ	
12:45	12:15〜13:15	
13:00		
13:15	車移動 カレッジ→上閉伊	
13:30		
13:45	上閉伊酒造 新里佳子さん	
14:00	13:30〜14:15	
14:15	車移動 上閉伊→作業場	
14:30		
14:45	こがらせ農産 留場栄一さん	
15:00	14:30〜15:15	
15:15	車移動 作業場→カレッジ	
15:30		
15:45	民宿 大森友子さん	
16:00	＠カレッジ（多目的ホール）	
16:15	15:30〜16:30	
16:30		
16:45	各チーム振り返り チーム間共有	
17:00		
17:15	連絡事項	
17:30〜		
18:15	カレッジ宿泊	

B 森林 Tono-Forestry
森林から遠野らしさを表現する

時刻	行程	手配関連
8:00	東大大学生＋海外大学生（高校生：兼平、菊池、柴又、浅沼）	沢田さん（サブ：沖野さん）・カレッジ：岸田さん
		大西さん：一名（大西さんカー）
		岸田さん：一名（-）
8:45	共通事前レク	
	8:30〜9:40	
9:45	車移動 カレッジ→木工団地	
10:00	（森林総合センター）林業振興課：佐々木徹課長 佐々木貴博さん／森林のくに遠野協同機構 理事長 白岩久男さん（各事業体訪問）リッチヒル遠野／ノッチ・アート遠野※3／遠野バイオエナジー／団地パークボイラー／チップヤード見学 10:00〜11:40	※3 もくもく絵本や木工製品等の紹介を入れて頂く
12:00	昼食＠木工団地 or 車中※4	※4 昼食場所は時間により木工団地、移動、風の丘など進行状況にて決定
12:30	車移動 木工団地→現場（宮守）	※5 宮守地区の現場に移動して、組合説明と現場視察のため、汚れても良い服装
	遠野地方森林組合※5 参事 菊池修市さん 12:30〜13:35	
	宮守地区	※5 移動時間など考慮して14時までに仮設住宅到着
13:45	車移動 現場→仮設住宅	
14:00	仮設住宅サポートセンター 14:00〜15:00	
15:15	車移動 仮設住宅→カレッジ	
15:30	佐々木博満さん＠カレッジ（美術室）15:30〜16:30	
	各チーム振り返り チーム間共有	
	連絡事項	
	カレッジ宿泊	

E 魅力ある教育 Tono-preneurship Education
中高教育に求められる要素とは

時刻	行程	手配関連
8:00	東大大学生＋海外大学生（高校生：藤原、加藤、松田、下村、浅沼）	辰徳さん（サブ：神田さん）、立原さん（撮影）・カレッジ：有馬さん
		辰徳さん：一名（-）
		有馬さん：一名（-）
8:45	共通事前レク	
	8:30〜9:40	
9:45	車移動 カレッジ→要	
10:00	民宿とおの要 佐々木要太郎さん	Fermention と Education 合同 すべてお話を伺う
	10:00〜12:00	
12:00	車移動 要→カレッジ	
12:30	昼食＠カレッジ ※6	※6 教育制度について説明
13:00	遠野緑峰高校村上先生／菊池範子さん＠カレッジ 13:00〜14:00	
	澤村教育部長＠カレッジ（みらい創りホール）	
	車移動 カレッジ→遠中	
	遠野中学校	
	車移動 遠中→カレッジ	
	各チーム振り返り チーム間共有	
	連絡事項	
	カレッジ宿泊	

D 遊びを通じた学び Learn through Play in Tono
子育て分野の取組みに必要な学びを考える

	行程	手配関連
8:00	東大大学生＋海外大学生 （高校生：小野寺、小竹、小笠原、菊池）	沖野さん（サブ：沢田さん）・カレッジ：倫史さん
15		
30		倫史さん： 一名（ワゴン）
45		
9:00	共通事前レク 8:30 ～ 9:40	
15		
30		
45	車移動　カレッジ→センター	
10:00		
15	子育て総合支援センター 10:00 ～ 10:30	
30		
45	車移動 センター→子ども園	
11:00		
15	遠野聖光子ども園 11:00 ～ 12:00	
30		
45		
12:00		
15	車移動　伝承園→カレッジ	
30		
45	昼食 ＠カレッジ	
13:00		
15		
30	車移動　カレッジ→センター	
45		
14:00	子育て支援センター まなざし	
15		
30		
45	車移動　センター→保育園	
15:00		
15	青笹保育園 15:00 ～ 16:00	
30		
45		
16:00		
15	車移動　保育園→カレッジ	
30	各チーム振り返り チーム間共有	
45		
17:00		
15	連絡事項	
30		
45		
18:00	カレッジ宿泊	
15		
30		
45		
19:00		
15		

C ホップ Tono-Hop
ホップのサプライチェーンがつくりだすものとは

	行程	手配関連
8:00	東大大学生＋海外大学生 （高校生：御法川、河野、淺沼、佐々木）	小川さん（サブ：辰徳さん）・カレッジ：遠藤さん
15		
30		全行程徒歩移動
45		
9:00	共通事前レク 8:30 ～ 9:40	
15		
30		
45		
10:00	農家支援室 室長　阿部順朗さん 10:00 ～ 11:00 ＠カレッジ	
15		
30		
45		
11:00	伝承園→ホップ畑	
15	遠野ホップ協同組合 組合長　佐々木悦男さん 11:15 ～ 12:00	
30		
45		
12:00	ホップ畑→伝承園	
15		
30	昼食 ＠カレッジ	
45		
13:00	遠野緑峰高校村上先生 ↓ 菊池範子さん ＠カレッジ 13:00 ～ 14:00	
15		
30		
45		
14:00	ホップ農家 遠野アサヒ農園 吉田敦史さん ＠カレッジ（多目的ホール） 14:00 ～ 15:00	
15		
30		
45		
15:00	キリン 浅井隆平さん／四居美穂子さん ＠カレッジ（多目的ホール） 15:00 ～ 16:00	
15		
30		
45		
16:00		
15	各チーム振り返り チーム間共有	
30		
45		
17:00	連絡事項	
15		
30		
45		
18:00	カレッジ宿泊	
15		
30		
45		
19:00		
15		

というものでした。

　しかし、生徒が一生懸命に新産業の機会創出を提案しても、或いは学びのプラットフォームがあったとしても、そうした環境やプロセス構築のための教員の理解や指導力、そして度量といったものがなければ実現できないのが現実であり、生徒と一緒に教員も「地域との関係性構築」「思考の変化」「行動の変革」を起こさせるようなプログラム開発が必要である、という論理を構築するにいたりました。そして、「生徒が変わる、教育・教員も変える」というコンセプトが導き出されました。共通価値中心設計が高校生や大学生にも理解され、自然に活用されていることに私たちは驚きを隠せませんでした。

　8月の合同発表会の場には、遠野中学、遠野高校、花巻北高校の先生方も応援に駆けつけていらっしゃいましたが、思わぬ展開に苦笑いしながらも「実は教員は地域のことにあまり興味を持てずにいた。地域の魅力や課題を知らなければ、地域の担い手である地域の中高生に、真の教育ができない。もっと、地域に入りこんで、生徒の目線で実施する"地域イノベーション教育"が必要だと感じた」との感想を頂戴しました。このチームの活動を通じて、教員と生徒というどちらかといえば共通価値が生まれにくい関係性においても、互いに共通する課題解決に焦点を当てることで、教育現場の魅力度アップが互いに共通した価値観であり、実現に向けた予兆が発見できたことはとても大きな収穫でした。

6 ▸ TISPと「みらい創り」の相互作用

　TISPが実践する社会イノベーション創造の考え方は、第一章のコミュニケーションの箇所で触れた論理的な情報処理技術の応用によって「知識の集合化」を図り、社会課題を解決する手法がベースとなっています。私たちもこの考え方をベースにした際のプログラミングの容易性や、ばらつき補正には大変注目しました。つまり、一定の入出力が設計されている環境では、一様な成果が導き出されるのです。このような、論理的で汎用化が容易、かつ短期間でアイデアを創出できるのはとても魅力的です。

　このTISPメソッドに対して私たちが進めてきた「みらい創り」活動における

「対話」による知識集合化と共通価値中心設計には、多くの時間と地域との強い関係性が必要になります。しかし、関係者間で共通価値を創造し合う総意形成或いは意識の総合化プロセスを踏むことで、精度の高い結果の質を得ることができ

写真9　TISPでのワークショップの場面（発酵グループ）

ることは、「みらい創り」活動ならびにカレッジのプログラムで確認されています。従って、今回のTISPでは、従来のメソッドに「みらい創り」活動全般でとりいれている共通価値中心設計を加味したことで、Field Workという協働的な実践で得られた「事実」と「機会」から、関与者全員の価値を生み出す「取り組むべきテーマ」と「解決方法」が生み出されることとなりました。

　TISPの精緻に企画設計された「事実」と「機会」の発見プロセスを追うことで、大学生たちはアイデア出しまでをグループワークの中で達成できた様子でした。高校生たちもその方法をTISPのスタッフから指導を受けて、見よう見まねでグループワークを夜遅くまで実施していました。「遠野みらい創りカレッジ」がプロデュースしたField Workは、そのアイデアを見つけ出すヒントを探す作業です。地域との関係性を少しずつ良好にしていき、思考と行動の質を「対話」によって向上させていく実践活動の設計のおかげで、独りよがりではない「共通の価値」創出を目指した活動を通じて、TISPに不可欠なマーケティング上の重要な兆し（いうなれば社会イノベーションの芽）を参加者全員が体感することとなりました。

　日立製作所では、社会イノベーションをIT×社会インフラと定義されています。慶応義塾大学では、社会の様々な要素の新しい結合によって、それまでにない新しい考え方などを生成し「社会的な成果」と「経済的な成果」の両面を得ること、と定義しています。いずれも、社会で期待されるイノベーション像を的確に表しています。

私たちは、遠野みらい創りカレッジという協働的実践の「場」において、「社会基盤」をベースにした情報処理技術、コミュニケーション技術による知識の集合化、そして「共通価値」を創造する設計技術という、いうなれば3本の矢で、地域社会を再生させるイノベーションの創出の兆しを体感することを学習の中心にしています。そして、私たちは、企業だけでもない、研究機関だけでもない「産官学民」の連携から生み出される「みらい創り」活動こそが、これから期待される「社会イノベーション」のプロセスだと考えています。

7 ▶ TISPと「みらい創りカレッジ」が持つ「場」のちから

　TISPをはじめとする高校生を対象としたプログラムでは、大人では思いもよらないアイデアが表れることがたくさんあります。大人の世界では制限事項だらけです。発想力を試される場面などで、企業人である私たちは、会社のルールや仕組みが邪魔をして、できない理由を考えてしまいがちです。

　例えば、新しい働き方として「地方でのサテライトワーキング」や「サマータイム制」を思いついたとします。しかし、私たちは人事制度や給与体系といった企業の現行ルールでは導入がまずできないだろうな、と考えてしまいます。また、コミュニティという市場をターゲットとしたニューマーケティングを思いついたとします。しかし、前例が無いことによる「リスク」があるだろうな、と考えてしまいがちです。

　つまり、長年就業してきた環境の中での固定観念は、創造力を生み出す障害となってしまうのです。そして、従来のやり方を踏襲することの安心感、組織や制度から逸脱することの不安感などが、私たちの「みらい創り」を阻む心理的要因になりがちなのです。

写真10：全体発表での質疑応答の場面

68

TISPが開始される2週間前、今年も首都圏の高校生のための「グローバル企業経営塾」*30が、7月末に2泊3日で開催されました。一昨年は、「無人ヘリで産地直送」、そして昨年は「遠野の妖怪キャラクター製作とバーチャルな出会い」といった、大人から見たら突拍子もない、クレイジーなアイデアが提案されました。しかしどうでしょう、ドローンを利用したデリバリーサービスがアマゾンから提供され、「ポケモンGO」でだれでもモンスターを捕獲できるゲームが世界中を席巻しています。

　そして、今年は遠野での子育て及び教育環境をField Workに設計しましたが、「親子で楽しめる星空カフェ」や「遠野産綿花による子供服開発」などの産業振興案が提示されました。遠野市やカレッジを運営する私たちは、真剣に彼らの提案を受け止め、実現に向けた開発タスクを至急組む必要があると感じています。

　2016年9月24日、4ヶ月にわたったTISPの最終成果発表会が、カレッジのみらい創りホールで開催されました。聴衆は遠野市長をはじめとする行政の皆さんのほか、Field Workでお世話になったコミュニティ組織の方々、そして各校の先生方などでした。

　前述の高校生5グループは、8月の大学生とのWork Shop後、取り組みテーマの実現に向けてグループ独自に活動を継続してきました。各グループにはメンターとしてカレッジスタッフや行政の若手、そして地域の指導者などが付き、その活動を側面から支援してきました。まさに、コミュニティ組織一体となった人材育成活動です。高校生がカレッジ職員とまめにコンタクトをとり続け、カレッジやField Work先に主体的に集合してグループワークを実施している様は、強要された課外学習をこなしていくだけの非効率な姿とは異なり、新しいものを生み出そうとする「みらい創り」活動そのものでした。

　遠野特産品であるホップ生産を取り上げてField Workを実施したグループは、ビール生産以外の活用方法として、前述のホップの蔓を利用した和紙の生産と普及に高い関心を持つこととなりました。その結果、「ホップ＝ビール」の概念を捨てて、子供や学生でも楽しめる「ホップ収穫祭」ならぬ「ホップ運動会」や「ホップクリスマス」のアイデアが出てきました。これは、ホップの蔓による大縄跳びや、ホップ釣り競争などなど、栽培農家と小中学生が一緒に

写真11 TISP終了セレモニーの場面

　楽しむことで、次世代の担い手育成を図るのが目的とされています。
　遠野では小学3年生になると必ずホップ農家を訪れて、生産者との交流や農業体験をするのだそうです。しかし、高校生の「大人たちが飲むビールに使用されるホップには何の興味も持てなかった」という現実を突きつけられ、行政側の農家支援室やホップ生産者はショックを隠しきれなかったようでした。その一方で大人の事情で物事を進めることのリスクを、参加者全員が感じることとなりました。
　今年のクリスマス会では、担い手の育成を図ることも狙いとして、ホップを七色に色付けして、ツリーに飾ったり、蔓を使ってお年寄りと一緒にクリスマスリース作りをしたりしました。世代を超えたコミュニティ組織とのコミュニケーションを充実させることで、生産者、次世代を担う世代、そしてお年寄りの共通価値が醸成されているのです。
　ともすると受験勉強で創造性を失われがちな高校生たちが、子育てや第一次産業の現状を観察し、感性豊かに「次世代につなげるアイデア」を提示してきたことに、私たちは本当に驚かされました。こうした子供たちの創造力を大人たちが真摯に受け止め、彼らと一緒にアイデア実現のための活動を「実践する場」として「みらい創りカレッジ」を解放し、地域イノベーションの発信

基地になる日は、すぐそこに来ているといって良いでしょう。

（樋口）

注：

*21 Michael E, Porter, Mark R, Kramer：共通価値の戦略、2011年：Diamond Harvard Business Review, pp8-31
*22 東日本大震災での富士ゼロックス（株）の組織的な復興支援活動を組織自ら省みて考え、新たな支援策を立案して新しい支援活動へと反映させながら、実践を繰り返してきた活動全般のこと。
*23 EUの持続的な成長と雇用確保のために、2000年3月の欧州理事会（開催地：ポルトガル・リスボン）で採択されたEUの経済・社会政策に関する包括的な10ヵ年の戦略。
*24 財団法人企業活力研究所「CSRの戦略的な展開に向けた企業の対応に関する調査研究報告書～経営へのCSRの統合による企業価値創造と競争力強化～」（平成23年3月）P.4
*25 コミュニティ組織にフィールドワークとして入り込み、その中での行動様式を記述し、価値観を見出していく手法。社会デザインやビジネス、マーケティングなどの課題解決に応用し、目に見える形にしていく（文化人類学や社会人類学で用いられた）。
*26 未来新聞®とは、未来に起きるかもしれない出来事について、未来の日付を付けて、あたかもそれが既に現実に起きたことであるかのように新聞記事形式で書く手法．クリエイティビティの発表の場として「未来新聞®」という投稿サイトをインターネット上に開設し、ネットユーザーが、自分で想像した未来の出来事を新聞記事の形で投稿したり、記事に対してコメントしたりできるサービスを展開中。（森内メソッド）
*27 ウィルウィンドの研修プログラムをベースに、未来新聞と教育コンサルタント企業でプロトタイピングを実施。更に、実際に首都圏企業によって実践的な検証を実施後に未来共創プログラムとして開発。
*28 イノベーション人材の育成を目的に2009年に設立された、東京大学知の構造化センターが主宰する教育プロジェクトのこと。i.schoolが標榜するイノベーションとは、これまでにない価値の創出につながる新しい変化を意味する。「イノベーション＝技術革新」と捉えられてきた従来の解釈とは一線を画し、人間の知覚や行動、習慣、価値観を揺さぶり、画期的かつ不可逆な変化を生み出す営みこそがイノベーションの本質であると考える。i.schoolはこのようなイノベーションへのアプローチを「人間中心イノベーション」と呼び、幅広い哲学と方法論の開拓・普及を進めている。
*29 岩手県立遠野緑峰高校が、郷土や地域社会に貢献する人材の育成を目指した生産科学コースの研究班のひとつ。平成21年度から続けられてきた草花班の8人の生徒による、農業系資源の有効利用として廃棄されるホップの蔓を活用した研究は日本学校農業クラブ全国大会で、最優秀賞の文部科学大臣賞を受賞している。
*30 東京に本社を置く「早稲田塾」が塾生を対象に開講するAO入試等にチャレンジする受験生向けカリキュラム。富士ゼロックス元社長有馬利男氏が線に講師として、毎年1回遠野市でフィールドワークを実施している。

3章

遠野から南足柄へ、「みらい創り」活動はこうすすめる

1▸新たな災害時後方支援拠点の開発

　遠野みらい創りカレッジという「場」の設立が、後方支援拠点としての遠野市の研究から始まったことは前章で述べました。有事の際には支援の拠点となり地域社会に貢献するために、平時から「触れ合うように学ぶ場」として地域社会の課題解決のための「場（カレッジ）」の運営とプログラム開発・実践を通じて「共通価値」を創造しあう。私たちはこのことの意義の大切さを学びながら、現在、新たな拠点の開発に着手しています。

　2014年の10月、私たちはその拠点開発を効果的にすすめていくために、民間企業と自治体のノウハウが連動し、水平的な相互連携を可能にするための"自治体による災害時後方支援拠点研究会"を発足させました。そして、その中で、拠点開発に必要な論理の構築や、平時からの備えと有事の際に有効な意思決定などについて、実践的なWorkshopを実施してきたことは前章でご紹介しました。

　この研究会の第一回目のシンポジウムでは、来るべき大災害に備えて産官学はいかに対処すべきかという、大きなテーマが議論されました。特に首都直下型及び南海トラフを起点とした大規模地震では、大都市の機能が麻痺するような災害が発生する恐れがあります。そうした状況に対処すべく、まずは遠野市のような後方支援拠点を選定し、平時にはその地域の課題を解決する取り組みを産官学が連携して取り組みながら、有事には機能的な復旧支援を実施できる地域創り活動を官民一体が水平的に連携して推進することを私たちの社会的な責任であると定義し、その活動を進めることとしたのです。

　平時からの訓練や研修、防災に関する研究や教育活動、そして物資備蓄や物流などが行われていれば、有事の際には産官学、そしてコミュニティ組織が一致して被災地を支援することができます。このような議論を経て、南関東では南足柄市と富士ゼロックス（株）が、相模湾沖を震源とする関東大震災規模の被害を想定した、後方支援活動拠点計画の策定と拠点開発に着手することとなったのです。

　南足柄市は、神奈川県の西端に位置し、北は山北町、東は開成町、南東から南にかけて小田原市及び箱根町に、西は静岡県小山町に接しており、都心

から約80km、横浜から約50kmに位置します。人口は約42,000人で、神奈川県で最も人口の少ない市です。

市域は77.12平方kmを有し、最高峰の金時山（1213m）を中心として、東方の明神ケ岳にのびる箱根外輪山と北方の足柄峠、矢倉岳にのびる足柄山塊を両翼として、約90度の扇形に開けた中に、丘陵地、台地、さらに山間のせせらぎを集めています。そして、西から東へと市内を流れる狩川、内川の河谷平野と酒匂川の沖積層からなる西高東低の地形で、平坦地は足柄平野の一部を占めています。

鎌倉幕府以降、南足柄には多くの城が作られました。後北条氏の前に南足柄一帯を支配した大森氏の居城であったとされる岩原や、後北条氏の第一の家来であった松田氏が城主であった浜居場城、西方警備の要であった足柄城などがあります。当時の領主たちは東西の交通を制限するために苦心をし、足柄峠を中心として南北の尾根上に砦を、街道筋に城を配置しました。また武士の多くが禅宗を信仰したことから、大雄山最乗寺や塚原の長泉院などが中世に開山、開基しています。

箱根に東海道五十三次の関所が整備されたことで、これまで交通の要衝と

図表10 後方支援拠点としての南足柄市の位置づけ

して機能していた足柄道は、東海道の裏往還である矢倉沢往還として整備されました。矢倉沢には矢倉沢関所が設けられて、通行人の取り締まりを行っていました。相模人形芝居は、江戸時代に班目に逗留した旅人から教わったことが始まりと言われており、主要な街道が箱根方面へ変わった以降も、多くの人々が南足柄の地を往来したと考えられています。

このように、当地は東西の交通の要地であったことで、現静岡県と東京都の交流拠点としても栄えました。また、小田原、藤沢、鎌倉といった相模湾沿岸地区と程近く、御殿場からの自衛隊の移動も容易なことから、国道や東名高速道路、或いは空路を利用しての後方支援拠点としての役割が注目されています。また、大雄山最乗寺参詣を目的として敷設された大雄山線（現伊豆箱根鉄道経営）が、小田原から南足柄市の玄関口まで伸びており、東京や横浜からのアクセスも良好です。（図表10参照）

2 ▶ 遠野市に習った南足柄市での 「みらい創り」活動

富士ゼロックス（株）の株主である富士フイルム（株）は、創業期に南足柄市に生産工場を構え、写真フイルムの生産拠点としていました。富士ゼロックス（株）は、その関連会社の一部を購入して消耗品生産工場を同地に設立して以来、南足柄市は富士フイルムグループの城下町的な発展を見せることとなりました。

その後、富士ゼロックス（株）は同市内に研修所を開設し、多くの新入社員や管理職等の専門教育を実施してきました。しかし、富士フイルム（株）の業態変更による開発・生産機能縮小・移転や、富士ゼロックス（株）が生産機能の一部を富山県滑川市へ移転したことにより、南足柄市との関係性はやや希薄化しており、行政やコミュニティ組織との一体感も薄れがちな状況でした。

東日本大震災から4ヶ月ほど経過した2011年7月24日（まだコミュニケーション・コーディネーターが遠野に行っていない時期）に、神奈川県により東日本大震災の災害ボランティア用宿泊施設が遠野市に建設され、遠野市に寄贈されました。正式名称は「かながわ東日本大震災ボランティアステーション遠野セ

ンター」でしたが、神奈川県を代表する名前として、黒岩知事が「神奈川金太郎ハウス」と命名したのです。この交流事業から、金太郎伝説ゆかりの南足柄市と、遠野市との交流が始まりました。

2013年12月20日、遠野市の本田市長が南足柄市文化会館で、東日本大震災における後方支援拠点の在り方についての講演会を行っていました。その時点では、現在コミュニケーション・コーディネーターである林部員（当時；富士ゼロックスコミュニケーション技術研究所所属、現在；復興推進室に所属）は、既に遠野に入り、コミュニティ組織との関係性構築活動を進めていました。

その林部員が、「南足柄市で本田市長の講演会がある」との情報を得て、復興推進室のメンバーが講演会場に赴き、初めて南足柄市長の加藤修平氏と面会することができたのです。その際、富士ゼロックス(株)による遠野市での「みらい創り」活動を加藤市長が知ることになったことが、私たちと南足柄市との、交流のスタートとなりました。

その後、何回か南足柄市を訪問しましたが、昭和23年に現在の内山地区に移転して以来コミュニティを支え、平成22年に廃校になった「南足柄市立北足柄中学校」の跡地活用が話題となるものの、富士ゼロックス (株) と南足柄市との間で協議や「対話」の場は持たれることはありませんでした。

2014年10月8日から3日間、第一回目の後方支援拠点研究会が「遠野みらい創りカレッジ」で開催され、遠野との友好関係がある市町村群を招聘し、開催されました。そこに、前述の講演会をきっかけに交流が開始された南足柄市の防災担当職員から研究会への参加申し込みがあったのです。

当日、南足柄市からは、加藤修平市長をはじめとする行政メンバー以外にも、観光協会や北足柄地区のコミュニティ組織など、総勢20名が遠野を訪問して会議に参加し、被災地視察にも出向いていただきました。

2年前のこの研究会は、遠野市主催で富士ゼロックス (株) 復興推進室が共催し、カレッジが会場となりました。この時点で既にカレッジが開校され（2014年4月）、プログラムが実行されていたので、コミュニケーション技術を用いた関係性創りや、カレッジという「場」の構築に至る経緯を、南足柄からの参加者全員と共有することができたのです。

3 ▸ 新たな関係性の構築のための準備

　最初に南足柄市とコンタクをとってからおよそ2年後の2015年1月初旬に、市長選で再選された加藤市長から、具体的に「みらい創り」活動を実施したい旨の要請があり、まずは1年前にカレッジの研究会で説明した「みらい創り」活動の全体像を、南足柄市の部課長さん全員に聞いてもらう場を2015年1月21日に持つこととなりました。そして、筆者自身が南足柄市に出向き、部課長向けに「遠野みらい創りカレッジ」の取組みの説明をさせていただきました。

　実は、その時点では市役所側で私たちの取り組みに共感している人はいらっしゃったものの、主体的に動こうという準備はできていない状況でした。

　そこで、遠野市の本田市長同様に、加藤市長の公式な通達として、「みらい創り」活動の検討指示がなされ、私たちの組織においても、その実行支援体制を敷くこととなりました。

　2015年2月5日、復興推進室から3名の担当者が、市役所を訪問し、初回の打ち合わせを実施しました。その際、今後の大まかなスケジュール等を提示しましたが、その中にはコミュニケーション・コーディネーターの派遣・滞在依頼が含まれていました。そして、コミュニケーション・コーディネーターはその1ヵ月後の2015年3月初旬から南足柄市役所内、企画部に週に2日程度在席することに合意を頂きました。これで、コミュニティ組織との関係性構築の活動が開始する準備が整ったわけです[31]。行政側の体制は、企画部長、企画課長、担当者2名、合計4名がコミュニケーション・コーディネーターと共に、4月以降の進め方について話し合いを重ねました。

　その後、対話会の開催を2015年4月からスタートすることで市役所側と合意し、それまでの2ヶ月間は南足柄を知る為の活動に特化することにしました。同年の2月20日、2月25日、2月27日、3月4日、3月6日、3月13日の計6回、コミュニケーション・コーディネーターが車やバスで多様な地域資源を視察させていただきました。

　観光施設、商業施設を中心にくまなく周遊し、南足柄地域の自然、風景、文化、地名等々徹底的に南足柄市を知りぬく活動に集中することが、コミュニケーション・コーディネーターの最初の仕事でした。行政側は、そのコミュニ

ケーション・コーディネーターの動きを、不思議な様子で眺めていました。実は、その動きは、対話会を行う非日常の世界、今後のField Workをする空間、そして集まった人々が未来について語り合うためのヒントになる資源探しだったのです。

4▶ 始動、南足柄みらい創りプロジェクト

　行政の案内にも助けられ、外部の目で地域をくまなく探索することができました。外部の人間だからこそ発見できるものがあります。これは神戸、人吉、そして遠野でも同じで、外部の新鮮な目が映し出す地域の資源は、地元の人々では忘れ去られたものも、クッキリとらえられることが多いのです。

　2月20日の打ち合わせの際、市役所側からは閉校になった北足柄中学校の活用が、取組むべき課題として提示されました。しかし、「対話」が始まる前の段階では真の課題が発見・共有された状況ではないため、私たちが示したコミュニケーション・プロセスを説明して、進め方の理解をいただきました。その上で、北足柄3地区（地蔵堂、矢倉沢、内山）に焦点化して資源探しを実施し、各コミュニティ組織と対話会の進め方に関する大筋の合意を取り付けてから、具体的な「みらい創り」活動（＝「南足柄みらい創りプロジェクト」）に入ることとしました。

　コミュニケーション・コーディネーターによる最後のField Workを3月13日に終えた後、新任の荒井企画部長、瀬戸課長を中心とした新体制となった市役所側と、対話会開催に向けた具体的な準備に入りました。関係性を構築する段階でのコミュニケーション・コーディネーターの役割は、企業や行政組織、そしてコミュニティ組織などの内外組織間または個人間の連携と交流のために、自らが各組織や個人間のコミュニケーションを活性化させ、課題解決のための効果的な実践へと、戦略的にその活動を発展させていくことです。

　この時点で、コミュニケーション・コーディネーターはField Work等で地域の資源を探索する活動だけでなく、行政組織のキーパーソンと親交を深め、多様な情報を得ることが求められます。対話会の段取りの相談などを通じて、連携力を高める活動も大変重要です。さらに、その間には、南足柄に構える

3章　遠野から南足柄へ、「みらい創り」活動はこうすすめる　　79

富士ゼロックス(株)の関連事業所や、富士フイルム(株)の関連施設長とも十分なコンタクトをとり、今後の南足柄での活動に関する理解と協力を得ることにも時間を惜しまず取り組みました。

5▶コミュニケーション・コーディネーターの実践手順

　ここまで南足柄での「みらい創り」プロジェクト活動の立ち上がりをご紹介してきましたが、コミュニケーション・コーディネーターの役割と作業点順を、実際の「みらい創り」活動の手順として表すと以下の図表11のようになります。
　これは、遠野での活動をベースに実施した南足柄市での活動から、コミュニケーション・コーディネーターの役割を手順化したものです。そして、この手順の全体が滞りなく進むことを管理するのが、「みらい創り」活動を管理するプロデューサーの仕事になります。
　以上のように、コミュニケーション・コーディネーターは各工程で、前述の省察に基づいた判断基準を自ら設定し、実践のさなかに設計変更やカスタマ

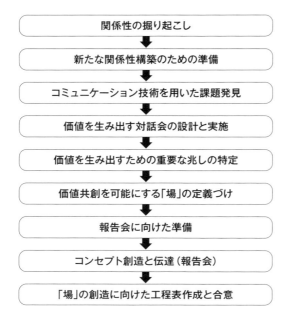

図表11　コミュニケーション・コーディネーターの手順概要

イズを実施しながら、手順を進めていかなければなりません。そして、その結果と進捗状況を併せてプロデューサーへ報告します。この過程は、研究開発や技術開発の場面で、技術者の才知に基づき研究のメインラインが多様な作業者とともに進められていく工程と同様、科学的且つ実践的な行為の連続と言ってよいでしょう。

「みらい創り」を管理するプロデューサーは、このコーディネーターの協働的な実践活動を強力に支援する必要があります。今後、南足柄市に遠野と同様の「場」が創造されると、そこでの共通価値中心設計を含む、カレッジプログラム開発が実践され、そのマネジメントもプロデューサーの仕事です。

さて、コミュニケーション・コーディネーターの主な実践活動は、コミュニティ組織と協働で地域の生活を通して文化や伝統と触れ合い・学び合うことでした。神戸や人吉での事前検証で明らかになったことですが、協働を最も効果的に進める手法はField Workです。

このField Workは、20世紀初頭に文化人類学の方法として誕生し、その後社会学、民俗学、地理学など幅広い分野で用いられるようになりました。

遠野でのコミュニケーション・コーディネーターによるField Workは、コミュニティ組織及びその構成員との対話を通じて発見できた地域の重要な資源についての調査が主となりました。それは、一般的にいわれる観光資源のみならず、地域の教育機関、防災センター、一次産業（農林業）の現場、そして民泊農家などの遠野ならではの生活資源まで対象となりました。その結果、遠野で日常生活を送る上で必要となるものの見方や考え方といった、コミュニティ組織と協働するために必要な実践値が、自然に獲得されることとなったのです。

その過程で、コミュニティ組織側からは、「都会の人たちと交流して自分たちの知見や文化を高めるきっかけにしたい」という、実践知の交換や流通の要望が生じることとなりました。平易な表現をするならば、「都会の人たちから遠野の文化や伝統、そして未来に繋がる話を聞くのが楽しい、勉強になる」という相互作用が生まれたのです。

このように、コミュニケーション・コーディネーターは戦略的に、企業や行政組織、そしてコミュニティ組織などの内外組織間または個人間の連携と交流の

ために、自らが各組織や個人間のコミュニケーションを活性化させ、課題解決のための効果的な実践へとその活動を発展させていく水先案内人です。これが、コミュニケーション・コーディネーターによる協働的実践活動の初動的役割なのです。この Field Work は、実際のプログラムにも生かされています。

遠野での Field Work のような実践的研究は、民俗学でもなされてきました。私たちも体験したことなのですが、遠野での Field Work には、都会に住む研究者とって学びのテーマが溢れています。例えば、民泊農家の曲り家、酪農家、養鱒家、わさび農家、林業家等々、遠野の生活は全てが新鮮で都会人が日常では触れることのできない非現実の世界です。また、それぞれの生産者から伺う、津波、放射能等の震災の影響は、生活に密着している非日常的なものばかりでした。

その後、コミュニケーション・コーディネーターは、自身とコミュニティ組織の両者がともに価値を得られる活動を創るための、第二段階の実践的な活動を実施することになります。それが、Field Work に取り組む側の外部環境、即ち行政やコミュニティ組織の中で連携や交流を通して課題発見のプロセス設計と、その実践的なリーディング活動です。それでは、ここから、コミュニケーション・コーディネーターの最も重要な役割といえる「対話会」の設計と実施について、実際に南足柄市で取り組まれた方法に沿って詳しくご説明します。

6 ▶ コミュニケーション技術を用いた課題の発見

大きなテーマで人間ネットワークを形成する過程①
（第1回対話会；コアメンバーのチームビルディング）

第1回対話会の参加メンバーは、南足柄市役所の組織図をみて、地域活性化に関係する部署をコミュニケーション・コーディネーターの裁量でピックアップし、各部署から1〜2名の参加を呼びかけました。その際には、性別や年齢層のバランスに配慮し、多様な構成になるように準備をしました。

実際の「対話」の場面である"ワールドカフェ"は最低16人で開催される

図表12 南足柄みらい創りプロジェクト「対話」の概要設計

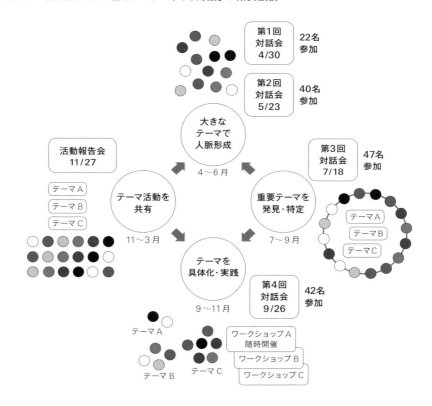

手法です。第一回の参加者は行政側16名、富士ゼロックス(株)側から5名、合計21名で実施されました。その事前検討の場で行政側からこの活動をプロジェクト的に進めたいとの申し入れがあり、「南足柄みらい創りプロジェクト」と命名し、活動が始まることとなりました。

第1回対話会の設計はコミュニケーション・コーディネーターが実施しました。大きなテーマは、「北足柄の魅力は何ですか？」という問い形式として、午前中はその魅力を探すField Workを参加者全員で実施しました。そして午後は、市役所内の大会議室をお借りし、コミュニケーション・コーディネーター本人を除いた20人をグルーピング（4人×5）して、対話会を実施しました。

この対話会は、富士ゼロックス(株)のメンバーが、まずは行政側との関係性

を構築することと、そして今後の対話会運営を行政側にバックアップしていただくことが目的だったので、敢えてコミュニティ組織のメンバーを入れずに実施しました。

　その結果、第2回対話会に向けて、行政側からコミュニティ組織側に対し、積極的な参加の呼びかけが進められたことは、今後の対話会設計において大きな布石となりました。そして、コミュニケーション・コーディネーターが中心となって、コミュニケーション・プロセス（図表12）を中心においた「南足柄みらい創りプロジェクト」専用のデザインを施し、行政側に提案して合意を得たうえで実施しました。（この時点で3回目以降の日程は未決定）それぞれの工程では振り返りの時間を用意し、省察（Reflection）を取り入れました。

大きなテーマで人間ネットワークを形成する過程②
（第2回対話会；キーパーソンを中心にPJを探し出す）

　第1回の対話会が終わった後、富士ゼロックス（株）と行政側の双方から、地蔵堂、矢倉沢、内山3地区のコミュニティ組織に対して、次回の対話会参加のための打診を始めました。第2回の対話会からは、コミュニティ組織が新たに加わるため、第1回と同じ大きなテーマ、即ち「北足柄の魅力は何ですか？」にすることとしました。同一テーマであれば、勧誘時のコミュニティ組織の質問や問いかけに対し、第1回で体験をした行政側から応えることも容易であろうとの判断もあったからです。

　この段階で、行政側のキーパーソンは企画課の若手職員であり、コミュニケーション・コーディネーターとは、特に密接に対話会の準備やレビューなどを話し合えるように仕向けました。この職員が各地区のコミュニティ組織に対し、コアメンバーの選定を強く働きかけ、実際に3地区から今後の対話会でも重要な役割を果たすメンバーが参加することとなりました。

　第2回対話会の参加者は合計40人で、コミュニティ組織から20名が参加し、外部からは富士ゼロックス（株）や富士フイルム（株）関係者のほか、遠野での対話会参加の経験を持つ、横浜国立大学の先生方や大学院生などが加わり、

コミュニティ組織と同人数の20名が参加することになりました。

　開催場所は敢えて南足柄の古刹、道了尊最乗寺の庫裡で実施しました。第1回目が市役所内の会議室であったのに対し、特に外部からの参加者にとっては非日常の空間で、多様な人々と、北足柄の魅力やみんなの未来を語り合うこととなったのです。これらは全て事前の設計技術によって盛り込まれ、主催者側に共有されました。

　コミュニティ組織の中には、芸術団体やオリエンテーリング協会、マウンテンバイク協会、そしてトレッキング愛好会など、フィールドワーク中に知り合うことができた人々が中心となって参加した地域もありました。そして、対話会が始まるまでは外部からの参加者が率先して足柄峠などのField Workを実施し、午後の対話会に向けて地域の資源の重要性を調査したのです。

　これまでの2回の対話回の結果、行政、外部の企業、研究団体、そしてコミュニティ組織の人間ネットワークが形成され、足柄の自然を利用したツーリズムや、体験タイプの研修などの具体的な魅力（兆し）として現れ始め、第3回の重要な兆しの特定に向けた準備が進められました。この時点で、4回目までの日程を予め決定して、今後のスケジュールをコミュニティ組織とも共有していきました。

形成された人間ネットワークから重要な兆しを特定する過程③
（第3回対話会；テーマ出し）

　5月23日の第2回対話会が終了し、コミュニケーション・コーディネーターはこれまでの対話会開催記録を作成し、コミュニティ組織を訪問して基本的に手渡しの上、個別に説明をして周りました。人的ネットワークを更に広げる活動です。そして、コミュニティ組織単位で簡単な相関図を作成し、コミュニティ組織構造の把握に務めました。

　さらに、対話会の感想を聞くために、参加者の家庭訪問を実施しました。対話会開催記録を渡しに行くのはコミュニケーション・コーディネーターの主体的な行動で、平行して第3回対話会の準備を行政のキーパーソンと実施し、

3章　遠野から南足柄へ、「みらい創り」活動はこうすすめる　85

互いに声掛けリストを作成して役割を分担しました。

　第3回の対話会は、コミュニケーション・コーディネーターがデザインしましたが、自然にテーマが生み出されるような、参加者の主体性に任せるデザインにするなどの工夫をくわえました。その結果、対話会の参加者は47名と急増しました。第2回対話会のメンバーが中心となり、その他の参加者は、3地区や首都圏の大学など、これまでに呼びかけていた人たちに再度声がけをして参加頂いたのです。また、地元の企業家（アントレプレナー）が数名エントリーし、新たな視点で重要な兆しの特定に一役買っていただきました。会場は閉校になった足柄北中とし、コミュニケーション・コーディネーターが行政のキーマンと手分けして半日くらいで会場の清掃を実施しました。

　この第3回対話会ではテーマ出しを試みましたが、遠野の春キャンプの時のような仕込み（地元食材でのお土産作り、地元高校生によるプロジェクトなど）は敢えて実施しないで、あくまで参加者、その中でもコミュニティ組織主体の取

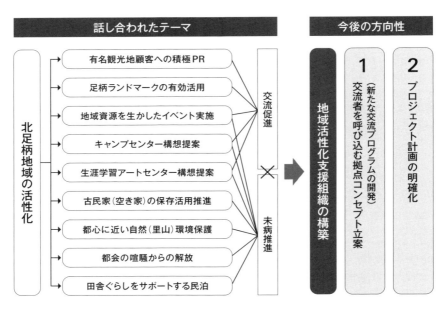

図表13　南足柄みらい創りプロジェクト「重要な兆し特定」と「コンセプト創造」

り組みテーマだしを心がけました。その結果、自然に合計9つの主体的な取り組みテーマが提案され、全チームで共有されたのです。(図表13参照)

特定された重要な兆しを世間に通用する形に具体化し、実践活動として定義する過程④（第4回対話会；プロアクションカフェ、報告会にむけて）

　第3回対話会が終わった後も、開催記録をまとめ、今回はそれぞれのテーマリーダー（テーマ提案者）を訪問して、感想を聞いてまわりました。実は南足柄市長から、「3ヶ月程度で成果を期待したい」との依頼が入り、第3回でまとめることも考え、図表のように「交流促進」と「未病」に二つのカテゴリーに集約して今後の方向性を固めてみました。しかし、テーマが多いこともあって予定通り第4回目を開催し、この定義化の真偽を検証することとしました。

　そこで、第3回目の対話会の終了時に、第4回対話会の開催日程を告知し、第3回の参加者のメンバー中心に第4回目の開催を実施することとなりました。従って、この第4回対話会は、重要な兆しの具体化（確認）と定義付け（検証）を同時に実施することとし、対話会のデザインもしつらえ直したのです。

　実際、各テーマリーダーたちは、互いに他テーマの進捗を気にしていました。そこで、第4回は、最終回の報告会に向けテーマの集約化を試みるために、プロアクションカフェ形式[32]で実施しました。そして、報告会に向けた各テーマ単位の実行宣言を得ることができ、報告会に向けて各チームが更にまとまることとなりました。

　第4回対話会終了後も、これまで同様に開催記録を作成して、リーダー及び主要メンバーに聞き取りを実施しました。第4回はテーマを具現化し、世間に通用するようビジネスモデルキャンパス[33]で表現していたので、そのフォローが中心となりました。遠野では使用しなかったこの方法が、具体化及び定義化にはたいへん役立つこととなったのです。

7▶南足柄みらい創りカレッジ開校が 創り出す「未来」

　さて、このおよそ1年間の活動を経て、2017年5月の「南足柄みらい創りカレッジ」開校準備が整いました。まさに、産官学民の協力により、第二の後方支援拠点が開設されるのです。

　遠野では「触れ合うように学ぶ場」というコンセプトが創造されましたが、南足柄地区では「心と体が潤う場」というコンセプトが導き出され、右のようなプロセスで開校まで進めることになっています。（図表14参照）

　前著でもご紹介しましたが、みらい創りマネジメントの時間軸は、コミュニティ組織を中心とした全ステークホルダーとの人間ネットワーク形成から始まり、最終的にコミュニティ組織全体の総意を形成し、産業創造や振興を支援するプロセス全体です。そして、そのマネジメントは、課題解決を目指す人々との関係の質を変革し、思考の質、行動の質を順に変化させ、社会的なイノベーションの創出効果（結果の質）となって現れます。

　南足柄地区でも関係の質が大きく変化したことで、地域創生に対するコミュニティ組織の思いがまとまってきました。そこから、ともすると横浜や相模原といった県東、県央エリア、そして鎌倉や藤沢といった湘南エリアの陰に隠れてしまいがちであった県西地区がまとまりを見せ始め、有事の後方支援のみならず、平時から神奈川県の目指す「未病」を強力に支援する企画や産業が生み出されるようになるかもしれません。論理性のある戦略的広域レベルの地域創生が達成できるのです。

　従って、「みらい創り」活動は、昨今話題になっている地域創生や地域おこしといった概念を超えて、地域が主体的に関係者を巻き込み、自ら考え、変革を実行し、これまでのトレンドを飛躍的に向上させる、実践的な協働行動を強力に支援する経営戦略の一つに位置づけられるといっても良いのではないでしょうか。

　更に、この展開によって、遠野市1拠点では現れなかった効果が期待できます。それが地域の企業間、自治体間、大学・研究団体間、そしてコミュニティ組織間での連携交流です。

図表14 足柄みらい創りカレッジ（仮称）設立の工程表

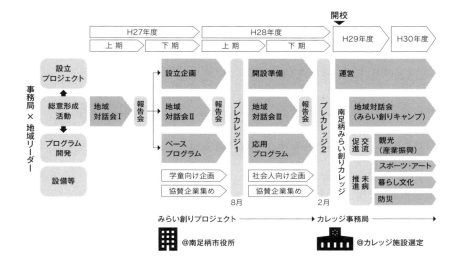

　遠野での「みらい創り」活動はカレッジ設立或いは運営に関与する組織間の連携でしたが、今後は地域を越えた連携と交流が始まります。

　例えばそれは、民泊を基点とした触れ合い或いは未病の場創り（観光振興）、休耕田の利活用（農業振興）、伝統野菜を利用した加工食品やレシピ開発（六次産業振興）、そして間伐材を有効利用したバイオマス事業の共同開発（林業振興）などが考えられます。この連携交流はグローバル規模で進行する予感すらあります。

　このような展開に沿って、関与者全体の総意形成を図る「みらい創り」活動は、特定地域の枠を超えた、より一層複雑な外部組織間のプロジェクト活動など、域内外との連携や交流促進という新たな時間軸と地域軸へとその範囲を広げて実施されなくてはなりません。従って、2017年5月開校予定の「南足柄みらい創りカレッジ」においては、これまでの研究や事業などの領域を超えて、国内外の産学官民連携や交流の実証実験が盛んに行われるような運営が求められることとなります。

写真12 美しい壱岐の自然 ※壱岐勝本観光PRより

8 ▶ 長崎県壱岐市での「みらい創り」プロジェクト

　序章でも若干触れさせていただきましたが、長崎県の壱岐市でも「みらい創り」活動が実践されています。この活動は富士ゼロックスの九州統括会社が、遠野の活動を見よう見真似で「壱岐なみらい創りプロジェクト」としてはじめられた文字通り粋なプロジェクト活動です。

　活動の進め方は南足柄市とまったく同じですので割愛させていただきますが、コミュニケーション・コーディネーターは、豊かな自然やあふれるグルメ、悠久の歴史など、壱岐には様々な実りを目の当りにして、日本文化の多様性に感心させられたようでした。

　これらの実りは、様々な年齢や性別、趣味・嗜好の人々にとって非常に魅力的なものです。現在壱岐市では、企画振興部が中心となって、観光振興、移住対策等、ターゲット毎に様々な事業を行っていますが、事業同士を連携させることで、かけ算的に成果を出すことが振興推進活性化のポイントだと考え

られています。"例：観光で壱岐を好きになる×壱岐でテレワーク実施×壱岐に移住（新規で農業・漁業に従事）＝経済・第1次産業発展"

そのためには拠点が必要であり、頭を行政だとすれば、効果を壱岐中に行き渡らせる心臓のような拠点（「場」）を整備する必要があります。その拠点には様々な人々が集い、様々な考えが交わるようにすることで、常に新しい考えが生まれる場所にするとともに、その考えを実行できる場所にすることで、壱岐の未来を自分のこととして考えることができる市民協働の「場」にもなると考えています。

「壱岐なみらい創りプロジェクト」はシーズンⅠを終了し、地域コミュニティへの報告会を経て、テーマを収斂させる「コンセプト創造」のフェーズに進んでいます。つまり、市民協働のまち創りの方向性を描いた上で、「対話」から創出された重要な兆しを実施した後に、市民協働で進めるまち創りのシンボルというべき「コンセプト」を市民の総意で創造するのです。遠野市では「触れ合うように学ぶ場」、南足柄市では「心と体が潤う場」が市民協働のコンセプトとして、まち創りの指針のひとつとなりました。

壱岐なみらい創りプロジェクトはまさに胸突き八丁。市民との連携を更に密にして活動の方向性を決定する時期を迎えています。

9▶地域コミュニティ形成への応用、宮城県女川町との協働的実践

2016年の7月末、富士ゼロックスの北日本統括会社の広域マーケティングを担当する小野瀬さん、田中さんから「遠野みらい創りカレッジで合宿をしたい」との申し出があり、約半日ご一緒してコミュニケーション技術の応用範囲等の議論を致しました。その中で、宮城県女川町が企画している「地域コミュニティ形成」事業に参画した場合に、富士ゼロックスがどのような価値が提供できるかについて、いくつかの質問を受けました。私からは遠野市ならびに南足柄市での活動を軸にお答えをさせていただきましたが、女川町の皆様の「地域コミュニティ形成」に対する熱い思いを彼らから間接的にお伺いし、私たちが取り組んできた復興支援の延長線上にある仕事が、まだまだ残されている

ことを痛感致しました。

　本書冒頭でも触れましたが、東日本大震災の被災地では、復興住宅への移転が遅々として進んできませんでした。被災したコミュニティから異なる場所に建てられた仮設住宅で暮らしている被災者の方々は、新しい復興住宅に集合してくる人々と馴染むことを躊躇い、現在の仮設住宅や避難先へ留まることを選択される方々が多いのです。

　そこで女川町の行政は復興住宅への速やかな移転を進めるため、新たな地域コミュニティを形成するための活動を模索してきました。しかし、人々の心と体を気遣いながらすすめる新しい地域コミュニティ組織形成作業は、思った以上に困難でした。この組織形成活動は、もともと存在していたコミュニティ組織を再立ち上げするのとはわけが違います。同じ町でも、地域が違えばこれまで話もすることがなかった人々が、抽選で住むことになったアパートメントに集合するのですから、そこには気遣いや配慮、そして外部組織の継続的な支援も必要になります。

　私たちは北日本統括会社と地域販売会社のスタッフと話し合い、南足柄みらい創りプロジェクトの進め方をベースに「地域コミュニティ形成」事業へ応募することを決め、提案の結果幸いなことに、この事業に取り組むことができることとなりました。現在進行形の事業ですので、詳しいご紹介は差し控えさせていただきますが、基本設計は本章でご紹介したものをベースに、33箇所の「地域コミュニティ」の中でも、2016年度中に復興住宅を中核としたコミュニティが形成される地区を優先して実践しています。

　行政各組織が横串での連携を強化する「分科会」でもコミュニケーション技術の普及を図ることで、地域コミュニティと関わる行政組織が主体的に形成過程に関与できるように設計・運用を進めています。次章のエリアマネジメントでも触れていますが、見えないけれども誰もが感じる、そして共有できる、新たな価値を生み出す協働的な実践活動のご支援がスタート致しました。私たちの活動、すなわち被災地の復興を支え続ける活動と後方支援拠点の開発は、二つがセットになって安心・安全な暮らしを生み出すこととなります。この女川町での取り組みの詳細は、次の機会で詳しくご紹介できれば幸いです。

写真1 開発が進む女川町の駅前（パース図：女川町ホームページ）

10 ▸ これからの地域創生はこうすすめる

　女川町のように被災地で新たな地域コミュニティを形成したいという動きは、沿岸被災地を中心に宮城、岩手、福島の各県でも既に生まれています。私たちはそれを福島県の浜通り地区の広野町を訪れたとき以来、とても強く感じてきました。

　この地区では福島第一原子力発電所からの除染作業が一昨年前に終了し、一時的に避難された皆さんが少しずつそれぞれの故郷や自宅に帰還してこられました。しかし、昨年の段階で帰還率は55％程度と聞いています。そもそも地域が形成されるために必要な住民不在では、新たな暮らしや生業が営まれません。そしてこの地区に、浪江町などの帰宅困難区域で除染作業に従事する人々が、一定期間移入することになったのです。地域で暮らす人々と異なった目的で移入してきた人々。ここにはコミュニティ形成を困難にさせる新しい問題が隠されています。

　同様ではないにせよ、このような事象は地方や都市の周辺部でも早晩発生

すると予測されます。それが、世代交代や都市の空洞化による地域コミュニティの消滅危機です[34]。

　日本のあらゆる地域で、人口減や少子高齢化が進んでいることは周知の事実です。おそらく多くの市町村では、昔はオトナといわれていた長老や地区の名士、そしてそのリーダーシップを盛り上げ支える婦人会の皆さんが中心となって、コミュニティ組織の運営がされてきたはずです。ところが、高齢化の進展に伴い、そのリーダーや支援者が徐々に第一線から退くことになってきたのです。そしてその間、地区の次世代へのバトンタッチがなされていないことで、コミュニティ組織の運営が滞ってしまうのです。こうなってしまうと、前述の女川町の地域コミュニティ形成のように、その形成活動を一からはじめなければなりません。当然それには行政の負担も大きくなるというわけです。

　もうひとつは、都市の空洞化による影響が挙げられます。副都心化や多拠点化が進んだ東京・横浜や大阪・神戸は別として、多くの地方都市で都市の空洞化が問題となっています。私は都市計画の専門家ではないのでこの事象をこれ以上は掘り下げませんが、モータリゼーションの進展とともに、人口、公益施設、業務機能等の郊外移転が進み、ロードサイドショップや郊外大規模ショッピングセンターが開発されたことで、既存市街地の都心に位置する中心商業地では空店舗や空地が目立ち、人通りが年々減少しているのです。こうした地域では、風船のようにコミュニティ組織が一気に萎み始めます。商店街の店主を中心としたリーダーが不在になることや、二代目経営者が育ちにくいなどの理由で、これまで活力に満ちていたはずの商業地域が、とたんに活力を失い消滅の危機を迎えてしまうのです。

　このように、被災地の地域コミュニティ、日本全国に点在する地域社会、そして地方都市の中心市街地に至るまで、早急に地域コミュニティ形成を推し進める政策や実践が求められることになると考えられます。そしてそこでは、箱を創るのではない、地域コミュニティの「みらい創り」に参画しあう人々の生きがいや幸福感を高める「地域創生」が必要なのです。

　前述のように、私たちは今回の南足柄市で実践した企画・設計・実践例を、女川町の地域コミュニティ形成に応用し始めました。被災地では港湾、市街地、そして復興住宅などの施設中心の復興が進みました。目に見えるインフラは必

要ですし、復興が進んでいることの象徴とも言えるでしょう。しかし、コミュニティ組織が集うフューチャーセンターやコミュニティセンターは、生きがいや幸福感を創造するプログラムや仕組みがなければ、地域コミュニティ主体の活用がなされません。中心市街地に作り出された集会施設などにも同じことが言えます。

　南足柄市で取り組んできた「みらい創りプロジェクト」の設計技術を生かして、対象地域コミュニティの実情に合わせた参画者や支援者、そして地域に近い大学や地域の高校生を巻き込んだ「対話」による関係性の構築をスタートさせ、地域創生に対する思考と行動の質を徐々に変化させる必要があります。一見遠回りに見える産官学民の協働作業が、最終的に結果の質を変化させて関与者全員の価値を創造しあうことに繋がるのです。次章では、この価値創造を更に確かにする「エリアマネジメント」の考え方とすすめ方をご紹介します。

（樋口）

注：

*31 行政と企業の正式な合意文書名は「Non Discloser Agreement」；守秘義務に関する基本合意文書。

*32 Rainer v. Leoprechting and Ria Baeckによって、2008年に開発された最も新しいホールシステムアプローチ手法．プロジェクトを前進させたいテーマリーダーの具体的なアイデアや提案について、サポーターが相互に影響しあい、プロジェクトを一歩前へ進めていく手法．テーマリーダーは様々な質問、情報やコメント、アドバイスを得ることで目標達成に向けた具体的行動につなげていく。

*33 ビジネスモデルキャンバスは、ビジネスモデルを9つの構成要素に分解して俯瞰的にとらえることで、その全体像を理解する手法．一つ一つの要素を検討していくことで、ビジネスの立ち上げで為すべきことが明らかになり、具体的なアクションが認識できるようになるとされる。

*34 吉川洋「人口と日本経済：長寿、イノベーション、経済成長」中公新書、2016年8月

4章

「遠野型エリアマネジメント」の萌芽と期待

1▸地域運営を変えなければならない

　総務省が発表した住民基本台帳に基づく人口動態調査によると、2016年1月1日現在、国内の日本人住民人口は前年よりも28万6,098人減少して1億2,589万1,742人となったようです。これは7年連続の減少で、減少数は調査を開始した昭和43年以降で最大となっています。9割近い市町村で人口が減る一方、東京都は0.67％増となるなど一極集中がさらに進んでいます。

　また、年間の出生数は101万46人、死亡者数は過去最多の129万6,144人、死亡数から出生数を引いた「自然減」は過去最多の28万6,098人と、8年連続で増加しています。遠野市の年間出生数は約150人、死亡者が約400人ですから、自然増減は特に地方で進んでいることは言うまでもありません。

　年齢別にみると14歳以下は1,613万3,110人、人口に占める割合は12.82％、一方で65歳以上は3,347万1,594人で26.59％となり、14歳以下の2倍を超えたこととなります。

　そんな中、2015年5月に増田寛也元総務相が座長を努める「日本創生会議」により、消滅可能性都市が発表されました。その都市とは、少子化と人口減少が止まらず、存続が危ぶまれると指摘された896市区町村（全国の49.8％）で、2010年からの30年間で、20〜39歳の女性の人口が5割以下に減少することが指標となっています。岩手県は、こうした市町村が8割以上になる5つの県のひとつで、遠野市を含む10市、13町、4村がその対象になっています。

　この消滅可能性都市というのは、都市そのものが消えることではない、という主張があります。この主張では、女性が減少し出生数が減っていくことで人口が減り、それが1万人を切ると自治体経営そのものが成り立たなくなる、ということを指摘しているのです[*35]。すなわち、消滅するのは地方そのものではなく、今の単位・今の状態のままの地方自治体であって、人口減少社会においては、その積極的な経営改革、すなわち行財政改革が必要であることを示唆しているのです。

図表15 岩手県内自治体の若年女性人口変化率

岩手県の対象自治体	人口移動が収束しない場合				
	2010年総人口	2010年20〜39歳女性	2040年総人口	2040年20〜39歳女性	若年女性人口変化率 ▲%(2010-2040)
盛岡市	298,348	38,649	238,270	21,819	-43.5%
宮古市	59,430	5,261	32,166	2,047	-61.1%
大船渡市	40,737	3,609	22,987	1,376	-61.9%
花巻市	101,438	10,222	68,691	5,417	-47.0%
北上市	93,138	10,881	73,437	7,033	-35.4%
久慈市	36,872	3,751	21,691	1,429	-61.9%
遠野市	29,331	2,274	16,306	882	-61.2%
一関市	127,642	11,495	75,024	5,084	-55.8%
陸前高田市	23,300	1,844	12,426	632	-65.7%
釜石市	39,574	3,184	19,002	1,210	-62.0%
二戸市	29,702	2,787	17,246	1,167	-58.1%
八幡平市	28,680	2,518	14,987	773	-69.3%
奥州市	124,746	11,890	80,923	5,642	-52.6%
雫石町	18,033	1,697	10,476	620	-63.4%
葛巻町	7,304	407	3,330	123	-69.8%
岩手町	14,984	1,211	7,717	374	-69.1%
滝沢村	53,857	7,044	50,903	4,715	-33.1%
紫波町	33,288	3,539	25,111	2,006	-43.3%
矢巾町	27,205	3,319	20,337	1,605	-51.6%
西和賀町	6,602	375	2,859	90	-76.0%
金ケ崎町	16,325	1,656	13,693	1,235	-25.4%
平泉町	8,345	698	4,955	300	-57.1%
住田町	6,190	453	2,910	166	-63.4%
大槌町	15,276	1,262	7,160	393	-68.9%
山田町	18,617	1,578	9,040	563	-64.3%
岩泉町	10,804	681	4,662	202	-70.3%
田野畑村	3,843	269	1,834	74	-72.7%
普代村	3,088	233	1,567	57	-75.5%
軽米町	10,209	731	5,426	280	-61.7%
野田村	4,632	397	2,413	115	-71.1%
九戸村	6,507	479	3,579	232	-51.6%
洋野町	17,913	1,519	9,101	481	-68.3%
一戸町	14,187	1,067	6,698	331	-69.0%

説明：編みかけは若年女性人口が5割以下に減少する自治体。濃い編みかけはそのうち、総人口が1万人以下になるもの。
出典：日本創生会議 HP（2017.3.15最終確認）

2 ▶ 見える箱から見えない価値の創出へ

　自治体の経営改革を行うには、人々の価値観の転換も必要です。さすがに
もう、戦後の高度成長期から最近まで続いた地域づくりの価値観と方法を見
直さないといけません。どこにいっても同じものが入手できる便利な時代です
が、街並みは画一化され、幹線道路沿いにはチェーン店が並び、いったいど
の街なのか区別がつきません。店に入れば、どの地域に行っても同じものが
並んでいます。人々は全国で標準化された学びの中で競い合い、その競争に
勝った者が都会に出て、最終的には大組織に就職して、寝食を忘れて働く。
いまだにそういうライフコースが目指されています。

　確かに、画一化することは、コストを下げ、サービスレベルを上げる効率化
策としてわかりやすいモデルです。企業は生産の規模拡大を図り、本社機能
を東京を中心とした大都市に集約させるとともに、生産拠点等はできるだけ人
件費の安い海外に移転させ、バックオフィス等も街中から離れた場所に置いて、
集約的な意思決定と絞り込んだコストによる高利益な事業を実現させてきまし
た。一貫して、生産の現場は消費者から切り離されてきたのです。

　自治体もまた、昭和、平成と大合併を重ね、その平均規模を拡大させてき
ました。平成の大合併において、国は、来たる少子高齢化時代においても市
民が求めるレベルの行政サービスを提供し続けるために、その一人当たりコス
トを下げるよう誘導したわけです。反面、自治体の中枢機能は住民から離れ
ていきました。人口減少が続く中で、拡大した市町村域を管理するためには、
その中心を1箇所に集約し、コンパクトに人が住み、必要なサービスを受けら
れる構造にすべきと、駅前に施設整備や開発を集中させる自治体が増えてい
ます。その多くが国からの資金的支援を得て、立派な施設を建設するものです。
しかし、そうして立派になった中心部の多くは、相変わらず画一的な街並みで
す。そして、残念ながらそこに集まる住民は思ったより多くならず、せっかく進
めた開発が商業的にうまくいかず、多額の負債を抱えて頓挫する事例も見ら
れるようになりました[*36]。

　さらに、現在、全国各地の自治体が、住民の流出を防ぐのみならず、他地
域や海外から定住・交流人口の流入を増やすべく躍起になっています。平成

27年度に始まった地方創生政策を受けて、自治体で人口を回復させるための取り組みが進んでいますが、すでにこれは失敗だと批判する論者も出ています[37]。こうした批判には様々な視点がありますが、私は、これまでの地域活性化に関する政策も、一時的な取り組みが多く、関連業者の仕事が増えてもそこから先に波及することが少なかったことから、今回の地方創生も同じ轍を踏むのではないかと心配しています。海外からの観光客は、そろそろ「爆買い」から体験型の観光へとシフトしているといます[38]。そんななかで、いまだに地域の典型的な観光資源を売り込むためのイベントやプロモーション活動に終始していてはいけないとも多います。

　そこで今、私たちは、画一的な機能を取り入れたり、大型建物の整備に依存したりする地域再生を改め、これまでとは異なる地域の価値を見つけ、伸ばす方法、とりわけ、公共事業に頼らず自立して「地域」が動く機動的なアプローチを考える必要があります。ここが、本章における議論の出発点です。

3 ▶ 価値を生まない蛸壺型地域づくり

　では、公共事業に頼らないで生み出すべき、その価値とは何なのでしょうか？なぜ、公共事業やその補助による事業は価値を生み出しにくいのでしょうか。今どき、補助金も単年度で終わることをよしとしているはずはなく、終わったあとも続くような事業計画が求められることも多いのです。しかし、実際に長続きしないのは、誰かが取り組みを続けようと思うほどに事業価値が育っていないからです。つまり、価値とは、事業に関わろうとする者たちに対する金銭またはそれに代わる新しいベネフィットなのです。

　金銭だけでなく「それに代わる」と言っているのは、事業を引き継ぐ人は必ずしも商業的価値だけを求めるとは限らないからです。それが住民であれば、求める価値は、豊かな暮らしであったり、満足度の高いサービスであったり、体験したいコトの実現など様々でしょう。地域再生には、目指す価値を具現化して事業を構築し、事業開始後は定期的に評価・改善を繰り返していくことが重要です。そして、こうした価値の具現化を目指し、関係者が対話を繰り返していく作業が、遠野みらい創りカレッジ等で展開されている共通価値中心設

計であり、それを具体的に実践する組織と事業の仕組みづくりが、下の図のように、後述するエリアマネジメントだと考えています。みらい創りカレッジの活動が左の象限で、それが実践段階に近づいたところから、エリアマネジメント活動の範囲に入っていきます。

　今や、ほとんど全てのものがサービスとして、（税を含む）お金と引き換えに手に入る時代です。店に出向かなくてもインターネットのボタン一つで支払いも運送依頼もできます。多くの人は、市場で提供されるサービスに満足し（無意識なだけ?）、そこで得られない場合には諦めています。つまり、ほしいものがネットやスーパーで売っていなければ、そこで終わりなのです。しかし、ときに、ないなら作るという人がいます。野菜でも、洋服でも、家だっていいのです。市場に特定の曜日にしか出されないオーガニック野菜、リメイクされた世界に一着だけの洋服、リノベーションによって再生された古民家。そうして創り出されたものには、他にはない価値が生まれます。分かりやすく言えば、このように作り手が新しく生み出すものやそれを通じてできる体験こそが、これから目指すべき「価値」ではないでしょうか。

　しかし、なぜ地方創生をはじめとする公共事業（補助事業）の多くが継続さ

図表16　エリアマネジメント事業の重点

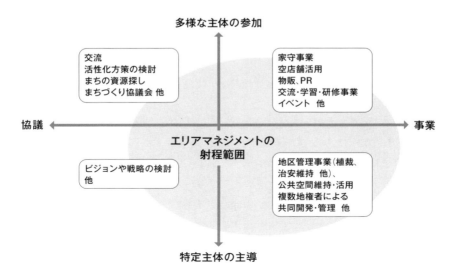

れていかないのでしょうか？私は、社会の分業化と専門化を乗り越えず、各人、各部署が現状の延長線でやれることしか取り組まないからだと考えます。

　現在、官民に限らず、仕事の多くは、高度に分業化・専門化されています。組織や部署間の連携は多くを必要とせず、それぞれが与えられた業務の範囲内で改善を繰り返しています。しかし、組織を解体しなければ、既存の枠組みで解決される技術革新しか起き得ないのです。組織間、セクター間の関係を変えるような社会システムの改革は起きにくいのです。すなわち、特定のスーパーの一角にオーガニック野菜が並ぶようなことは起きても、街で売られる野菜が全て地域の農業者によってつくられたオーガニック野菜に変わるような変革はなかなか起きません。それは、一部署や組織だけでは解けない課題だからです。

　こうした社会関係が変わらなければ、いくら国から補助金が出ても一つの蛸壺に流し込まれるだけで、隣の壺には何も影響ないという従前通りの結果になります。それぞれが蛸壺に入った形で仕事している現状では、この状況は変わらないのです。

4 ▸ エリアマネジメント—— 蛸壺の破壊へ

　すでに出来上がった社会システムを改革することがいかに困難であるかは、例えば、英国のEU離脱や大阪都構想など、近年の出来事からもうかがい知ることができます。効果と弊害を比較検討することの困難、変化を望まない層の強い抵抗、変革に伴う人的・時間的コスト等を考えると、変革を避け、壺のなかにとどまることを選択する人が多いのは仕方ないのかもしれません。しかし、このままでは蛸壺レベルの変革しかできません。いくら「魔法の水」があったところで、一つの蛸壺にしか注げないのであれば、地域全体からみれば効果は限られます。なんとか蛸壺を破壊し、総力をあげて地域再生に取り組むべきです。これが可能になったとき、その地域が一歩先にいくことは間違いないでしょう。

　近年、中山間地や離島など人口の少ない地域においても、革新的な地域づくりを進めて注目を集めているところがあります。徳島県神山町、島根県海士

町あたりが、もっとも知られているのではないでしょうか。この二つに共通するのは、地域を支える人的資源の多様性であり、そのなかには地域外からの移住者や移転企業・団体が含まれていることです。

　教育再生の取り組みで知られる島根県海士町は、島前3町村で唯一の高校である島根県立隠岐島前高校の閉校危機に際し、役場職員がほかの島、県の教育部局、住民等と一緒になって取り組みを進め、入学者の急増という成果を生み出しました。高校がなくなると、島の子どもは早くに島外に出ざるを得なくなります。その仕送り等の金銭的負担を予測すれば、恐らく親たちの一部も島から外に出ることを選択するでしょうから、人口はさらに流出する可能性が高い。しかも、子供たちは故郷のことを十分に知らないうちに島を後にすることから、将来のUIターンも少なくなることが予想されました。しかし、島全体ブランド構想を掲げ、隠岐牛や牡蠣といった島の産品のブランド化等に成功しつつあったその流れを止めることなく、むしろ「ピンチは、変革と飛躍へのチャンス」と捉えるこの島の町長から一人一人の町民に至るまでの合意は、見事なものでした。島前高校は「島留学」を掲げ、寮を完備するとともに、島全体で受け入れ体制を整備しました。また、学力やキャリア意識の形成のために、町営の塾を開設し、島外から情熱溢れ、高い能力を有する講師陣を誘致して、人材育成を行っているのです[*39]。

図表17　エリアマネジメント組織のイメージ

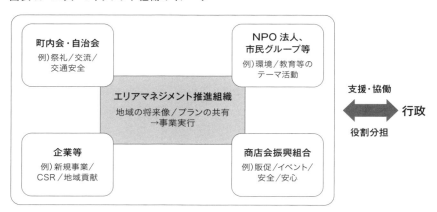

徳島県神山町は、近年、ITベンチャーのサテライトオフィスが増加し、そうしたことをきっかけに移住してきた人たちと地元の人たちが、様々なつながりの機会をもち、街に新しい産業が生まれているのが特徴です。ここでは、昔、アメリカ人から送られた人形の持ち主を見つけるために国際交流の団体が町内に生まれたことがきっかけで、町民視点の海外との交流が早くから始まっていました。1997年から始まったアーティスト・イン・レジデンスでは、地元資源を生かしたアーティストを世界各地から招いて神山町で過ごしながら製作活動をしてもらうことで、お金をかけずに神山町の「場としての力」を高めることを狙ってきました。次には、総務省のICT利用モデル事業を用いて、ワーク・イン・レジデンス事業を始めました。街中の空き家を使い、逆指名でパン屋さんやデザイナー等を誘致し、神山町の商店街で仕事できる環境を整えたのです。そのうちにほかのベンチャーもオフィスを設けるようになり、商店街は、さながらクリエイティブ人材の集積地となっています[*40]。

　自然減による人口減少は続いていますが、社会増が目に見えて顕著になっているのが、この2つの町の特徴です。そこでは、行政が主導するのではなく、地元住民、移住者、役場職員、事業者等の広い連携があり、地域資源を徹底的に使い倒す事業がデザインされているのです。

　私が各地で推進しているエリアマネジメントという考え方（図表17）もまた、地域の絆を組織化し、新しい価値を生み出すための活動を実践する枠組みです。全国エリアマネジメントネットワークの会長である小林重敬先生は、エリアマネジメントを「都市づくりに関する土地権利者、開発事業者、住民などがつくる社会的組織が、地域の価値を高めるため、お互いの信頼関係（絆）を築いたうえで、まちづくりガイドラインや住宅地憲章などの規範をつくり、その規範にしたがって行われる主体的な取り組み」と定義しています。その最初の取り組みは、1988年に大丸有（大手町・丸の内・有楽町）エリアにおいて、地権者による協議会が設立されたときだと言われています。当時、都心の地域間競争が激化する中で劣勢になり始めていた同エリアで、1996年にはP.P.P.（パブリック・プライベート・パートナーシップ：公民連携）の理念の下、東京都、千代田区、JR東日本、協議会の4者からなる大丸有地区懇談会が組成され、2000年には大丸有地区まちづくりガイドライン（以後「ガイドライン」という。）

写真13 大手町丸の内有楽町地区のオープンカフェ

が策定されました。以降、このガイドラインの考え方に従い、機能別・目的別に組成された複数の民間地域団体が地域価値を高めるための様々なエリアマネジメント活動を行っています。

　特徴的なのは、このガイドラインに、公的空間の整備や個々の開発に対する誘導・調整といったハード面のまちづくりだけではなく、施設の維持管理、文化活動、環境マネジメント、公共施設の維持・管理、安全・安心などソフト面の総合的なまちづくりを位置付けていることです。NPO法人大丸有エリアマネジメント協会（リガーレ）は、地域のなかでまちの活性化に有効だと思われる空間を積極的に見つけ、道路（仲通り）、歩行者専用道（行幸通り地下）、民間所有の土地でありながら不特定多数の人に公開される公開空地等で各種の実験、イベント等を仕掛け、かつてはビジネスマン以外に人気がなかったオフィス街に、多くの来街者を誘引しています[*41]。

　その後、こうした東京の中心部のみならず、各地の中心市街地や住宅市街地でエリアマネジメントを行うための新たな取り組みが増えていきました。共通するのは既存の商業、住民団体がエンジンになりながらも、新しい担い手

図表18 エリアマネジメントの取り組み内容

エリア全体の環境に関する活動	地域の将来像・プランの策定・共有化	地域の将来像・プランの策定 等
	街並みの規制・誘導	街並みに関するルールの策定・運用 等
共有物・公物等の管理に関する活動	共有物等の維持管理	集会所等の共有施設の維持管理 等
	公物（公園等）の維持管理	公共施設・公園・河川敷等の管理 等
居住環境や地域の活性化に関する活動	地域の防犯性の維持・向上	防犯灯・防犯カメラの設置 等
	地域の快適性の維持・向上	地域の美化活動の推進 等
	地域のPR・広報	HP・広報誌等による情報発信 等
	地域経済の活性化	地域の名産等の創出・生産 等
	空家・空地等の活用促進	空家等の修繕・あっせん 等
	地球環境問題への配慮	河川・里山等の自然的要素の維持・管理 等
サービス提供・コミュニティ形成等のソフトの活動	生活のルールづくり	ゴミ出し等の関するルールの策定 等
	地域の利便性の維持・向上、生活支援サービス等の提供	配食等、高齢者等への支援サービスの提供等
	コミュニティ形成	運動会等の地域交流機会の創出 等

出典：「エリアマネジメント推進マニュアル」国土交通省・土地水資源局より抜すい（平成20年3月）

が入り、行政も議論に参加して組織と事業の構築が行われていること（つまり、これもP.P.P.であります。）、協議だけでなく実践を重視していること、そして、これまで十分に活用されていなかった公共的空間や施設を活用して収益を生み出し、その収益を地域運営に還元させようとしていることです。

　2008年には国土交通省から「エリアマネジメント推進マニュアル」が発行され、エリアマネジメントの主な取り組み内容が図表18のようにまとめられました。2016年には全国エリアマネジメントネットワークが生まれました。およそ100のエリアマネジメント団体やそれを設立しようと奮闘している専門家や企業、自治体等が集い、活動の情報交換や人材育成、必要な政策の企画提案等を行おうとしています。これからも、こうした民間レベルのまちづくりは発展するでしょう。

　地域には、「風の人」と「土の人」がいると言われます。「土」─すなわち内発的な意志と行動がないと、地域づくりは空洞化すると言われ、「風」すなわち外から来た専門家等がいくら頑張っても根付きにくいと言われます。地域で暮らしてきた「土」の声と、外から見た「風」の声がうまく重なり合わなければ、風が運んできた新しい種は土につかず、そのまま枯れてしまうわけです。コン

サルタントが作成した計画書が活かされず、本棚に眠っている、移住者が取り組むことに住民の協力が得られない、等の話はよく聞くところです。それぞれに事情があるとしても、これからの人口減少社会において、どんな主体による取り組みも地域の資源として無駄にしてはいけません。そのためにも、これまで軽視してきた地域のなかのつながりを今一度、絆として再構築し、その絆をきちんと組織化することで、今後の取り組みをより効果的・効率的に進められるようにすべきなのです。

5 ▶ 遠野における「絆」

　筆者は、所属する法政大学現代福祉学部と遠野市が協定を結び、学生のコミュニティスタディ実習受け入れやまちづくりチャレンジ入試という推薦制度等での連携があったことから、2004年以降、遠野市に関係するようになり、特に2011年の東日本大震災以降は、復興支援活動などで毎年幾度となく訪れています。

　遠野市は、もともと沿岸部と内陸部をつなぐ交易拠点であり、そのことから大勢の人が出入りし、それが街の活気につながってきた歴史を持っています。そのためか、今も外部からの訪問者に寛容またはそういう気風だと認識している人が多く、外部人材がもたらす刺激に、比較的、好意的な住民が多いようです。他方、東京23区よりも広い市域は、特徴ある地区に分割され、それぞれが伝統芸能の保全・継承やグリーンツーリズムなど、地区をあげた取り組みを通じて強い絆を共有しています。そうした強い絆が、東日本大震災の復興における遠野市の後方支援活動に大きく寄与したことは、すでに知られるところであり、震災直後から始まった沿岸部への支援活動は、誰に頼まれるわけでもなく生まれた住民の発意によって始まったと記録されています[42]。こうした気風や絆が、本書で取り上げられている遠野市の新たな価値創造の源になるのです。

　他方、遠野市もまた、他の地方都市と同じように若年層が流出し続ける危機的状況にあります。前述したように20～39歳の女性人口が2010年から30年間の間に61.2％も減少が見込まれているのは、高校を卒業すると同時

に町外に就職し、そのまま戻ってこないからです。遠野みらい創りカレッジは、近年、市内の中高生と向き合うことが多くなっています。樋口代表がそうした機会を通じて、若者から聞く言葉は、「遠野には魅力あふれる、他者に誇れる文化資源が多くあることに気付いていなかった」ということだと言います。若者が暮らす今の遠野市の社会環境（家庭や学校）においては、遠野民俗学の原点を築いたと言われる「伊能嘉矩」も、遠野製糸場を設立したり、私設の農業試験所で洋種野菜の栽培などを行ったりした殖産興業指導の先駆者である「山奈宗眞」などの先人の足跡に沿って、遠野の文化資本の探求や産業創造がどのように成し遂げられてきたのかも、ほとんど紹介されていません。それを若者が興味をもつ形で伝えることは、確かに難しいでしょう。ただ、そうした難しさを理由に、この地域の大人たちは、遠野の次世代を担う若者が、魅力あふれる先人たちの所業や可能性あふれる故郷の文化的価値を地域社会の中で学ぶことの大切さをいつしか伝え忘れてしまったのではないかと危機感さえ抱くのです。

　遠野市は「馬の里」としての有名な地域です。現在は競技用の馬の生産地として有名ですが、いにしえから“馬と共に暮らす里山”として知られ、「遠野物語」にも出てきます。しかし、その遠野の中学校・高校に馬術部はありません。農耕や林業の場面でほとんど活用されなくなったとはいえ、「馬の里」遠野の次世代の担い手を育む学びの環境が用意されていない状況で、どうしてこの地域の魅力や誇りが若者世代の心に根付くでしょうか？

　遠野で最も賑わいを見せる「日本のふるさと遠野祭り」では、各地域のすべての伝統的な神楽、手踊り、お囃子、さんさ、鹿踊りが一堂に会します。そして、八幡宮では、南部流の流鏑馬が奉納され、その年の五穀豊穣を遠野市民全体で祝うのです。各地区の保存会が中心となってこの伝統文化・芸能を次世代につなげる活動をしていますが、この伝承を、誇りを持って実践しているのは若者ではなく高齢者です。地域の子供たちは小中学校の間は参加するのですが、前述のように中学校が統合・再編されたことで、旧中学校の単位で設置されている各地区のコミュニティ組織では文化伝承が困難になってきました。また、高校生になると部活や課外活動が忙しく、伝承活動から足が遠のいてしまいます。その結果、担い手の総数が減少し、ゆくゆくは地区別に営まれて

写真14（上）　馬と学生の様子
写真15（下）　教室での高校生と大学生の話し合い

きた伝統文化・芸能の統合問題へと発展する可能性すらあるのです。遠野祭りで私たちを楽しませてくれる遠野の魅力は遠野で守り、各地区の誇りはそれぞれの地区で保つ。このいわゆるコミュニティ運営の原則が守れなくなっていることこそが、これからの地方自治体の運営を根本から揺るがせてしまうのではないでしょうか。

　そうした問題意識を背景に、法政大学では2014年度から遠野市の資源を見直し、その活用方法や連携の仕組みづくりを考える学生プロジェクトを、遠野みらい創りカレッジや市役所ほかの皆様のご支援と受け入れのもと、毎年行ってきました。具体的には、筆者が所属する現代福祉学部の1年生から4

年生の誰もが参加できる「遠野プログラム」という実践的教育プログラムとして、時には他の大学の学生や遠野高校の生徒たちとも協力しながら、大事に続けてきました[43]。

さかのぼれば、このプログラムは2011年に始まったものです。ただ、2011〜2013年度は遠野を拠点に沿岸被災地でのボランティア活動を行う内容で、遠野の後方支援機能の一端を担わせていただく形でした。これを、2014年度から、遠野市の地域づくりのあり方を調べ、提言・実践する方向へとシフトさせました。2014年度は、法政大学だけでなく、中央大学や首都大学東京の学生たちも一緒になって、「馬」「伝統芸能」「福祉」「民泊」という、遠野が誇る資源をテーマに、5日間にわたって、遠野高校の生徒たちとともに調査を行いました。そこでも、高校生たちからは「遠野にこんな魅力があるなんて知らなかった」という感想が聞かれ、また、東京の学生たちも「魅力的ではあるが充分に活用されておらず、若者に訴求していない」という感想が聞かれました。

彼らの提案は、大変魅力的でした。再び、日常の生活の中に馬がいる街を目指す。英語でも学べ、外国人も参加できる伝統芸能スクール。第二の故郷となり、都会で心身ともに疲れた人を受け入れる、いわば民泊セラピー。地域コミュニティの強い絆が感じられる、いわば「福祉観光」のコンセプト。しかし、こうした新しい発想を実践するためには、それぞれのテーマに関わる利害関係者が集まり、実現に向けて話し合うテーブル（プラットホーム）が必要です。それこそが、遠野で求められるエリアマネジメントの形です。

6 ▶ 地区ごとのソーシャルキャピタルを探る

各地でエリアマネジメントを推進してきた立場からすると、遠野市は利害関係者が合意して内発的な地域再生事業を進めるには、あまりに広すぎます。そもそも、海外のエリアマネジメントは、関係者が共同して投資を行い、事業を行うことに合意できる範囲から始まりますから、それはときにストリート単位まで小さくなります[44]。管轄する自治体もまた、中心市街地はもっと大きく設定しなければならないといった野暮なことは言いません。無理に範囲を広げても、関係者が合意に至らず、かえって再生の道が遠のくと分かっているからです。

日本においても、ようやく小さな範囲で事業を行っても、それが連鎖していくことによって地域が再生される、経済効果が生まれることが認識され始めています。例えば、北九州市や豊島区を始め、全国各地で取り組みが始まっているリノベーションまちづくりがそうでしょう。この手法では、徹底して物件の洗い出しとそれを使いたい人の掘り起こしとマッチング、そして、具体的な事業計画づくりの支援が行われます。その結果、最初は1軒の古い家屋のリノベーションから始まるのです。それでも、その物件がエリアとしての価値創出を意識し、次の物件につながる流れを作っていれば十分にエリアの活性化事業として捉えられます。最初から、広い公共性の確保を意識しすぎず、地域に良い影響を与える事業の実現を優先することのほうが大切なのです。

　そこで、遠野市においても、市域全体の活性化を考えることを一旦止め、各地区で築かれてきた豊かなつながり（絆）を明らかにし、そこから何ができるかを考えることに転換しました。前述したように、市民の強い絆こそ、東日本大震災の直後に遠野が後方支援地として機能した一つの理由とされ、「永遠のふるさと・遠野」と自称するこのまちの誇りであるはずです。これは、エリアマネジメントの仕組みづくりで重要視されている「ソーシャルキャピタル（社会関係資本）」を明らかにすることにもつながります。ソーシャルキャピタルとは、

図表19　遠野版エリアマネジメントに向けたソーシャルキャピタル調査の構造

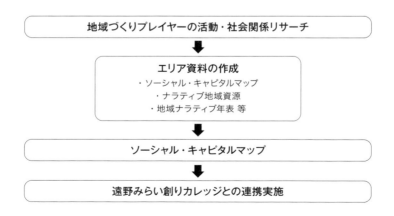

アメリカの政治学者であるロバート・パットナムが提唱するもので、物的資本（Physical Capital）や人的資本（Human Capital）などと並ぶ新しい概念です。「信頼」「規範」「ネットワーク」といった社会組織の特徴を示しており、これらが確保された人々の協調行動を活発にすることによって、社会運営の効率性を高めることができるとします[45]。エリアマネジメントの「絆」を理論化したものが、このパットナムのソーシャルキャピタルだと私たちは考えています。

　遠野市は、多くの集落によって構成され、自治会は120ほど存在しています。そこでの生活課題を吸い上げ、行政が市民とともに解決の道筋をつけることを目指し、市役所は、昭和46年から各町に地区センターを整備し、市全体はもとよりそれぞれの地域で「まちづくり」に取り組んできました。そこでは、市民の自主的・連帯的な地域活動を助長することが基本理念の一つに掲げられており、自治会や地域団体の代表者によって構成される地域づくり連絡協議会が設置されて、地区センターの職員は、同協議会の役員等といわば二人三脚で、その地区のまちづくりを進める体制になっています。現在は、地区センターの再編等もあり、その数は9地区となりましたが、遠野市が独自に創り出してきた長年の市民と行政の協働は「遠野スタイル」と呼ばれ、一つの伝統として今後も継続・発展が見込まれます。

　とはいえ、人口減少や少子高齢化が急速に進む中で、地域づくりの担い手不足のため住民の負担感が増しているなどの課題もあり、新しい地域づくりのシステムが求められている状況でもあります。2015年7月に第二次遠野市進化まちづくり検証委員会によって出された「「地域コミュニティのあり方」に係る最終提言について」という文書は、特定の住民が自治会と行政区の役員を兼務している状況が見られ、負担が増して本来取り組むべき地域づくり活動に専念できなくなっている現状が伺えます。

　そんな中で、行政区の再編や若手の人材育成、地区センターの役割を自治体計画、地区まちづくり計画策定の支援と、それに基づく活動支援など、地域運営・自治の原則に基づく役割に改めることが提案されており、まさに遠野版のエリアマネジメントが生まれつつあると期待するところです。このときに重要なのは、ただ、形だけ皆で決めるという地域自治を行うだけでなく、また、行政がこれまで行っていたことを地域にスライドさせるだけの分権でもなく、

その機会を活かし、地域に新しい生業や雇用を生み出し、人が今後も住み続けたくなるまたは住みたくなる事業の仕組みをつくることです。そのためには、外部からの人材や資本が入ってくる仕組みを考え、その事業を一つずつでも実践できるような体制を作ることが重要です。

　法政大学の学生たちは、2016年2月と9月の2回、遠野市の駅前、上郷、宮守の3地区に分かれ、それぞれの地区における地域づくり活動のリーダーたちにインタビューを行いながら、その人たちが繋がっているソーシャルキャピタル（社会関係資本）はどのようなものかを探り、現状の広がりから課題と展望を洗い出そうと作業を進めています。その次段階には、図のように、遠野みらい創りカレッジと連携した具体的な活動を提案し、実践につなげていく構想です。まだ道半ばではありますが、それぞれの地区での学生たちによる調査状況を、かいつまんで紹介しましょう。

❖事例1── 駅前地区：遠野市の顔として

　遠野駅前地区とは、かつて鍋倉城の城下町として整備されたエリアで、そのため碁盤状になっており、遠野駅を中心に商店が集まる遠野市の中心部です。上組町、東上組町、材木町、遠野町によって構成されており、人口は約9,000人。高齢化率は40％間近となっており、中心部とはいえ、住民の高齢化が進んでいます。また、商店街では、店舗の駐車場化や居住化が進んでおり、空き店舗として把握される数は減少傾向にあります。しかし実際には、商店の廃業後に2階を住居として利用している建物が多く、結局はシャッターが閉まったままとなっているため、見た目には空き店舗に見える街並みが課題になっています。

　こうした駅前地区で、学生たちは、地区センター、地域づくり連絡協議会役員、商店会役員、同女性部役員、商業施設とぴあの管理者のほか、活性化のためのイベント活動などを行う若手の商業者たちにインタビューを行いました。インタビューの中で名前の出た方を紹介いただき、「芋づる」式に調査先を増やしていくことで、駅前地区のソーシャルキャピタルの構造を明らかにしようとする調査です。誰と誰がつながって何を行っているのかを整理すると、行政が策定する中心市街地の活性化計画では見えてこない人と人のつながり、

そのハブになっている人物が見えてくると考えました。そうしてインタビューを進めてみると、駅前地区で、様々な活動や情報のハブになっていたのは、意外にも女性たちであることが見えてきました。ここでは、その3人の女性の横顔を、簡単ではありますが紹介しましょう。

写真16 松田希実さんの写真

　最初は、遠野でタクシー業を営む遠野交通株式会社代表取締役の前川敬子さんです。前川さんは、昭和58年に、結婚のため遠野に住むようになりました。4人のお子さんを授かられたのですが、ご主人を亡くされてから、遠野交通を任されるようになったそうです。会社自体は昭和28年の創業で、もともと交易の中心であった遠野市ですから、当初はタクシー待ちの人たちが行列をつくるような賑わいが駅前にはあったそうです。自家用車の普及に伴って売り上げは減少していったそうですが、代わりに観光タクシーに力を入れています。

　前川さんの危機感は、年々、駅から降りる人の数が少なくなっていることです。様々なリスクの分散を考えれば、移動手段が車しかないというのはよくないことです。道路状況が悪くても、線路が使えれば移動手段が最低限一つは確保されるからです。そうしたことを考えると、鉄道は何としても残していかないといけないと考えています。そのために、前川さんは市役所等の会議に積極的に参加し、青年会議所の役員もつとめて地域社会との連携を強めてきました。今日では、駅前地区を支えるリーダーであり、女性としてもあとに続く人たちの支えになっています。前川さんの支援を受けて、何人もの元気な女性たちが地域活動に参加するようになりました。

　次にご紹介する「まつだ松林堂」の若女将の松田希実さんは、一日市商店街の活性化に寄与する女性の一人です。希実さんは、すでに「一日市ゴブリンプロジェクト」の発案・推進者として前章で登場しています。このプロジェク

トは、もともと遠野みらい創りカレッジでの未来新聞づくりのワークショップで希実さんが出したアイデアが実現したもので、「ゴブリン」という西洋の妖精をテーマに、地元の子供たちの参加を促し、一日市商店街の活性化を図ろうとするプロジェクトです。

希実さんは商店街に長く続く老舗和菓子店を切り盛りする立場だけでなく、3人の子供の母という視点が加わって活動されているのが印象的です。希実さんは、結婚をきっかけに遠野に移住されましたが、当時からすでに商店街は寂しい状況になっており、夜になると信号が点滅に変わることなどにカルチャーショックを受けたと言います。他方、何かをやるとなったときの地域の一体感の強さには感心したと話します。元々よそものである希美さんは、活動を広げるための人脈形成が難しかったそうですが、子供たちの学校等を通じて地域との関わりが増え、そのうち前川さんに声をかけてもらえるようになったそうです。

希実さんが、遠野に18年住んできて、感じていることがありました。それは、子供たちに「戻っておいでよ。」といいにくい遠野になっているという感覚です。この危機感は、子供たちが「遠野には何もないから」と言うようになっていることに起因します。これを変えないと、遠野の外に出た後継者は帰ってこない。ましては、誰かがここで店を始めるとも思えない。最後には、誰も顧みない街になってしまう。

他方、希実さんは、商店街にしかできないことは絶対にあると考えています。町屋の暮らし、商店街で培われてきた生業は、一朝一夕に再現できるもので

図表20 イベント財源の考え方の変遷

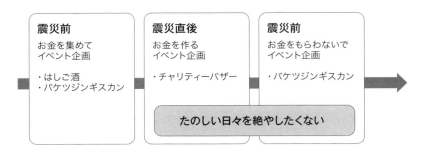

はない。これを伝えていくことが大事。最初は利益が生まれないが、そこから始めてみたいと考えたそうです。母としての強い意思です。

　遠野駅前で飲食店を経営しながら商店街を盛り上げる活動を行っている高宏美鈴さんも、この地区を支えるキーパーソンの一人です。高宏さんは、11年前に母親からスナックを引き継ぎ、それを改修して隠れ家Denという居酒屋を開業しました。現在はこれを経営しながら、遠野市総合計画審議会委員、まちづくり会議委員、神輿団体、消防団など地域に関わる役割も積極的に引き受け、概ね30人の仲間と「ねまるべ遠野」というグループをつくって、その方言が意味する「ゆっくり座って」という通り、遠野の街を心地よく、皆に愛される場所にするための活動を展開しています。この仲間は20代から60代まで様々で、職業も多様とのこと。無理せず楽しむことを重視しており、活動に常に参加しているのは10名程度とのことですが、参加者の友人や単発でやってくる外部からの応援者も歓迎するオープンな組織になっています。東日本大震災の後に気分が沈みがちになっていた市民を見て、できる限り、楽しい日々を絶やさないよう、まず自分たちが楽しめる企画を自分たちの力でやっていくことから始めました。具体的には駅前の広場や商店街で、チケット制で複数のお店を回れる「ちょいのみ遠野ではしご酒」、バケツジンギスカン、蚤の市等の様々なイベントを開催しています。自分たちで主催するイベントだけでなく、他団体や若者などが主催するイベントにも協力しており、高宏さんが老若男女から慕われ、頼りにされていることがわかります。

　「ねまるべ遠野」は、その活動方針として、補助金などに頼らず、自分たちで完結するイベントにしているのも特徴です。震災直後はむしろ収益をあげて復興支援に寄付していたとのこと。現在は、また自立型のイベントを循環させ、常に魅力的なコンテンツが詰まった街を実現することを目指しています（図表20）。イベントを行うごとに新しい参加者が増え、遠野のファンが増えていることを実感しますが、反面、企画者と参加者はその都度違うため、交通面のマナーなどで迷惑をかけることもあって、課題は残ります。ただ、こうしたことを繰り返すことで「自分たちもやれる」と、街の人たちに思わせることは大事だと高宏さんは感じています。

　さて、これらの3人の女性たちがハブになっているソーシャルキャピタル・マッ

図表21 遠野駅前のソーシャルキャピタル図

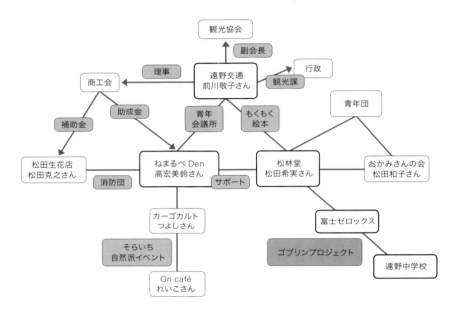

プが図表21の通りです。こうしてみると、駅前地区の地域づくりは、単に市役所と商店会がリードしているというわけではなく、大勢の団体や個人の複雑な関わり合いのなかで進んでいることがわかります。そして、もし新しい活動をしたい人がいた場合、誰に相談するとどう広がるのか、どの人と連携するとうまくいきそうかも見えてくるのが面白いところです。

　遠野市の駅前地区では、後継者不足、空き店舗の増加等、特に商店街で大きな問題を抱え、市役所の庁舎移転、駅舎のあり方問題など、地区全体の再編に関する機運も高まっており、まさに長期的戦略に基づくアクションが求められる好機です。ゴブリンプロジェクトのような、コミュニティベースで子供たちも一緒になって空き店舗を活用するプロジェクトは、まさにそれになる可能性があります。そのほかにも、行政、企業、地元の農家や事業者らが連携したイベントが駅前地区の蔵の道広場で行われるなど、様々な新しい取り組みが始まっています。そもそも、地域調査を行っていて、これだけ存在感のある女性たちが数多く出てくる地域はそう多くありません。地域の名誉職は男性

比率が高く、そこではどうしても大きなビジョンばかりが語られます。そうしたビジョンづくりと平行して、市民がもっと駅前地区に関心を寄せるようなプロジェクトが若手や女性によって行われ、それらを車の両輪にしながら、継続的に事業を展開できるエリアマネジメント団体を公民連携で検討すべき時期に来ていることは間違いありません。

❖事例2──宮守地区：グリーンツーリズムの本格展開に向けて

　宮守地区は、人口4,474人（男2,141人、女2,333人：平成27年度12月末）のまちで、毎年100人程度の人口減少が続いている地区です。他方、神楽など恵まれた文化資源があり、自然を生かしたグリーンツーリズムの取り組みには一定の蓄積があります。2005年に遠野市と合併するまでは宮守村という独立した自治体であったこともあり、遠野市と一緒に扱われることには今でも違和感を抱く人が多く、よく言えば独立心が旺盛、そうでない言い方をすれば、遠野市役所に若干の距離を感じている人が多いのが特徴です。地区の人たちは、口を揃えて、遠野は「柳田國男」の世界だが、宮守はどちらかといえば花巻とつながっており「宮沢賢治」の世界であると言います。そうしたところにも、遠野市民であって遠野市民ではない、複雑な気持ちが見え隠れします。

　そんな宮守地区では、地区センター、地域づくり連絡協議会、商店会、鱒沢神楽保存会それぞれの代表者の方々のほか、地区内で特徴的な活動を行われている方々にインタビューを行いました。話を聞くうちに、情報のハブになっている人として見えてきたのが、浅沼亜希子氏でした。浅沼氏は、学生時代の野生動物調査がきっかけで宮守をはじめて訪れた人です。その後、途上国での経験を糧に、16年前に宮守地区に移住し、その2年後に結婚

写真17　NPO山・里・暮らしネットワークの事務所前で浅沼亜希子さんと

写真18 農家レストラン「横一」

されました。その後、お子さんを地元の保育園、小学校に進ませるなかで地域のつながりを深くし、現在お勤めの認定NPO法人遠野山・里・暮らしネットワーク（浅沼さんは執行理事を務められています。）を通じて、民泊先やその候補になる方と連携しています。浅沼さんの仕事は、遠野市全域で民泊を受け入れたい人と民泊をしたい人の仲介です。遠野市の民泊は、農家へのホームステイ体験であり、旅行業許可を有する同ネットが旅行者を受け入れ、体験先として農家を紹介する形となっています。「資源を生かした都市住民との交流の深化と移住の促進」「伝統文化・芸能・技術・技芸の伝承と進化と応用」「里地・里山における循環的な生活スタイルの再興と実践」を柱に事業を展開する同ネットの事業の一つであり、すでに民泊受け入れの登録が145件、実際には年間30〜60件の民家が受け入れを行っており、同ネットは、そうした農家の支援と旅行者との仲介業務を行っています。

　浅沼さんは、こうした民泊の仲介だけでなく、農村ワーキングホリデーや各種研修の対応、合宿型自動車免許×グリーンツーリズム、見守り活動や企業支援の復興支援など幅広く取り組んでおられます。ときに、移住定住の希望者に、自分の経験を話したり、具体的な物件探しや案内を行ったりすることもあるそうです。

　さらに宮守での個人の取り組みとして、小学校での水泳のインストラクターのほか、農家レストラン横一の立ち上げ、宮守で収穫された農作物を使って作った加工品を東京で販売したりするプロジェクト等を手伝っているそうです。宮守地区は、短期的には役場統合や最近の高速道路の開通、中長期的には続く人口減少によって、道の駅みやもりの売り上げ減、飲食店の閉店、小中学校の統廃合や部活動の廃止など、様々な課題が噴出しており、行政に頼っていても仕方ない厳しい状況にあると、浅沼氏は話します。こうした姿勢によっ

て、地域のほかの人たちの信頼を獲得し、頼られる存在になっているものと推測できます。

　宮守地区には、浅沼さんの支援を受けたり、連携したりしながら活動する人が何人もいました。その一人が、開業当初に浅沼さんの支援を受けて、築80年を超える古民家を使い、地元の食材を料理にして提供するレストランのオーナーである阿部さんです。ここのこだわりは、自分が作った安心安全な食材を提供することです。完全予約制であるため、新しく来る人の割合は少なく、多くは3回以上来るリピーターが多いとのこと。それ以外に、ワーキングホリデーとして、調理実習、農業体験、民泊を受け入れており、夏休みなどはその利用者が多いのだそうです。これらの取り組みは、レストランの目的がそこで儲けるというよりは、地域活性化を実現するためと考えておられるからこそと言えます。

　二人目はわさび農家の福地氏です。福地氏は、生まれも育ちも宮守であり、一度、高校に行くために町を出ましたが、その後に帰郷され、今日まで宮守で暮らしています。結婚後は、3人の息子を育てながら、わさび栽培をされてきました。全国的に珍しいワサビのハウス栽培に取り組み、現在は23棟のハウスを管理しています。わさび公社から苗を買い、加工は葵食品加工生産組合に依頼しています。昨年は、全国のわさび品評会で優秀賞を獲得されたり、『食べる通信』に取り上げられたりするなど、質のよいわさびを生産する農家として高い評価を受けています。やはり民泊の受け入れを行うなど、わさび栽培を通じて宮守地区の持続発展に寄与することを考えておられ、今後も、若者と連携した地域再生の取り組みに関心をもっています。

　三人目は、南部曲り家に移住して「ていねいな蔵し」を実践されている山田千保子さんです。もともと遠野市出身でしたが、高校進学と同時に

写真19　わさび農家　福地千津子さんへのインタビュー

4章　「遠野型エリアマネジメント」の萌芽と期待　121

町を出て、7年前に現在の夫信和さんと共に、宮城県仙台市から宮守（達曽部）に移住されました。これからの自分たちのライフスタイルを考えた末、信和さんの定年退職を機に移住して農業をすることを決め、建築にも関心が高かったため、土地と家にこだわって約6年かけて探して、今の曲り家を見つけたのだそうです。山田さんは、現在、大きく二つの活動を展開されています。一つ目が「ていねいな蔵し」です。これは、月に一度、第1水曜日に曲り家の馬屋（蔵）を使った、移住してきた女性たちのための「表現する場」です。出展者は毎月変わり、食器販売や服飾販売、ヘアサロンなどがあり、一度の開催で70〜80人ほどのお客さんが来るそうです。その多くがリピーターで、かなり遠くから来る人もいるそうです。二つ目が、「古民家保存活動」です。これは、古民家暮らし体験をしてもらい、保存への理解と共感を広げようという活動です。体験者からは、古民家保存のための寄付を募っています。体験できるのは、原則、紹介を受けた人だけにしているが、多数の人々が訪れているとのこと。期間は、4月下旬から10月までで冬の間はお休みです。

　このように、宮守地区では、地域資源を生かして自立的な事業を展開されている人たちが、「グリーンツーリズム」や「民泊」「古民家保存・再生」をキーワードに、公私共に中間支援の役割を担う浅沼さんとつながり、目に見えにくい緩やかな連携体制をつくっていました。それが、この地区のソーシャルキャピタルに他ならず、これを生かすプラットフォームを考えることが、宮守地区のエリアマネジメントの始まりになるでしょう。そうしたプラットフォームが、これからも地域の自然、文化、人々との交流を楽しむ滞在型のツーリズム（＝グリーンツーリズム）を発展させていくことが期待されます。

❖ 事例3──上郷地区：進む高齢化と外部人材の活躍

　上郷地区の人口は、平成27年12月現在、2,733人。前年末より33人の人口減。過去5年間の推移をみると、だいたい30〜80人程度のペースで人口が減っています。65歳以上の人口割合は既に40％を超えており、遠野市のなかで最も高くなっています。

　上郷地区では、地区センターや地域づくり連絡協議会、伝統芸能である鹿踊り保存会のほか、国際交流団体であるJOCA、オリジナルのジェラートでも

有名な夢産直かみごう、上郷町農産物直売組合、少年団活動を核としたNPO法人オヴェンセそれぞれの代表者の方々のほか、同地区を拠点に活動している地域おこし協力隊の山田泰平氏、同地区内に移住して、資本主義の次の社会を展望して、地域生活に根ざした技術をベースに起業家の育成を行う「ネクストコモンズラボ」を主宰する林篤志氏にインタビューを行いました。

インタビュー調査の結果、上郷地区の地域づくりは、地域づくり連絡協議会が地区センターとの連

写真20 ジェラート

携のもと、地区における様々な情報のハブになっていることが伺えました。また、今も伝統芸能である鹿踊りの保存会の活動が活発であり、年間を通じての練習、地区内の小学生への伝承等が積極的に展開されているのが印象的でした。他方、地域づくりの担い手不足は激しく、その点で、様々な団体や個人が連携していることも見えてきました。

そんな上郷地区の資源を活かし、それに付加価値を添えて地域おこしをしようとしている取り組みの代表が、産直夢かみごうでした。ここは遠野と釜石を結ぶ仙人峠道路の開通を機に、「上郷地区にも直売施設がほしい」と地元の有志が立ち上がり、設立されたものです。平成19年にはビニールハウスを設置し、組合員数十人による仮設店舗で運営を開始しました。そこから4年後、常設施設が設置される見通しが立った平成24年4月29日、現在の常設施設での営業を開始しました。組合員数は60名で、うち3名が幹部です。主な収入としては野菜販売時の手数料や共益費で、産直自体に利益は残していないそうです。産直連絡協議会を通じて行政やほかの産直施設と連携・相互支援体制をつくっているほか、市内のNPO法人等と協働して商品開発を行ってい

るそうです。

　夢産直かみごうの特徴的な活動として、地域農産物の展示及び販売、食堂営業、イベント、地域情報の発信のほかに、乳製品の加工・製造、体験農園、料理検索サイトであるクックパッドを使った野菜の定期宅配、地域住民への野菜宅配サービス、地元の遠野緑峰高校生による販売体験学習、産地間交流（宮崎県産の野菜果物の販売）、市内学校給食への食材供給、食堂の運営（地産地消のメニューを展開）、ジェラート、ソフトクリームの販売などがあります。ほかの産直に負けない多種多様な農産物、明るいお母さん方による食堂運営、地元農産物をフル活用したジェラート工房により差別化を図ろうとしています。それだけでなく、地域の伝統を若い世代に伝える機能や、都市部の産直等との連携を図って地域住民の「かかりつけ」市場としての機能をもつとともに、これらの取り組みを行うことで遠野市をPRする一翼を担えればと考えています。それでも、繁忙期と閑散期の客足の格差、冬場に販売する野菜の確保、後継者探し等の課題があります。

　また、産直内に存在するジェラート部門を運営する上郷町農産物直売組合も重要な存在です。このジェラート部門は、6次産業化による酪農家の所得向上と雇用の創出等を目的として設立されました。事業内容としては酪農業、ジェラート製造、販売を主としています。6人体制で運営されていますが、地元の学生等と連携してジェラートのコラボ商品を開発されたりしているそうです。

　夢産直かみごうをはじめ、遠野で生産・加工・販売を行う人たちと連携体制をつくり、遠野の魅力的な産品を都市部に売り出そうと取り組んでいるのが、山田さんです。山田さんは学生時代に遠野に合宿に訪れたのをきっかけに移住を決意し、地域おこし協力隊の任命を受けて遠野で活動されています。

　もう一つ、上郷で存在感ある活動を行っているのがJOCAです。遠野市を拠点に、岩手県沿岸被災地へ青年海外協力隊や災害支援ボランティアを派遣するなどの被災者支援活動から活動を始まった団体ですが、今では現在廃校となっている旧上郷中学校を拠点に、地域おこし協力隊などの活動支援、研修などのコーディネート業務を遠野市から委託されており、地域活性・まちづくりに重点を置いて住民の人たちと共に活動しています。

　最後に、上郷の地域づくりに直接の関連はないものの、上郷に移住され、

遠野を拠点に国内外で活動を展開されている林篤志氏を紹介したいと思います。林氏は、誰もが教授になったり生徒になったりできる「自由大学」というプロジェクトを東京で立ち上げたあと、2011 年から、高知市の土佐山地域で長期滞在型の研修プログラム「土佐山アカデミー」を開校し、土佐山地域の資源を活用し、土と農・食・ナリワイ・ものづくり・自然学・暮らしとエネルギーの 6 分野を季節に合わせて学べるプログラムを提供しました。

　遠野で新しい取り組みを始めるのは、土佐山での経験を発展させ、学びから雇用や産業へのシステムを構築したかったからだと話します。そこで、林氏が考えたのが、起業を前提とした仕組みとして地域おこし協力隊の制度を使うことでした。現在の地域おこし協力隊は、自治体が任期付職員として採用し、その事業の一部を担当するか、各協力隊が自ら活動を企画展開するケースが多いですが、林氏は、これを「ローカルベンチャースクール」という起業家支援のプログラムとして再編させました。選抜された隊員には遠野に移住してもらい、大手企業や地元の起業家、職人等と協働して、地域に根ざした新しい産業を構築すべく活動します。林氏及びその会社は、全体のコーディネーションを担当する法人を立ち上げ、その拠点を中心市街地に配置して研修機能などをおきます。すでに 7 つのプロジェクトが動き始めており、ビール、発酵、地域の可視化、低コスト住宅、遠野デザイン、多世代交流、遠野の食という 7 つのテーマで 10 人が選抜され、遠野に移住しました。

　林氏は、自分自身の暮らしを楽しみながら、仕事をつくってきた経験を活かし、「人はどう暮らし始め、それをより楽しくしているのか?」を追求したいと言います。地域再生というが、自分は、面白い人が周りにいる環境をつくることによって、コンテンツをつくることが大事だと考えており、今回のローカルベンチャースクールが、いわば「町の人事部」として発展することを狙っているそうです。

　こうした新しい動きを地区内に抱える上郷地区のエリアマネジメントは、様々な地域内外の動きをいかに高齢化が進む地域運営（地域づくり連絡協議会やしし踊り保存会）に絡ませることができるかが鍵になるでしょう。高齢者がもつ技術や文化を、次の世代に伝え、事業化する。伝統芸能や食の豊かさに、その鍵があるように筆者は考えます。

7▶タクティカル・アーバニズムの発想から考える
遠野駅前地区のエリアマネジメント

　では、遠野市でのエリアマネジメントの取り組みは、こうした社会関係の中からどのように動き出せばいいのでしょうか？私は、遠野市における遠野みらい創りカレッジをはじめとする企業連携プロジェクトと、ゴブリンプロジェクトのように、そうした企業等の支援を受けて市民から生まれたプロジェクトに可能性を見出しています。それはなぜかを、次に示しましょう。

　前述したように、エリアマネジメントとは、共有された価値を実現していく組織づくりと財源調達のための事業手法ですが、近年、これをより効果的に進めるプロセスの考え方が出始めています。それが、マイク・ライドンとアンソニー・ガルシアが提唱した「タクティカル・アーバニズム」[*46]、いわば「戦術的都市計画」と呼ばれるものです。都市を変える、特にハードを変えていくにはお金も時間もかかります。利害関係者が合意し、近隣住民に理解してもらい、広く市民に関心をもってもらうのは、一筋縄でいきません。そんな問題に対し、話し合いや説明会等を繰り返したりするだけでなく、イベントのような短期的アクション、市民参加型で見てわかる空間の使い方を提案し、効果を明確にすることを提唱しています。タクティカル・アーバニズムのポイントは、長期的変化のための、短期的プロジェクト（Short-term Action for Long-term Change）を行うことです。地域を変える長期的戦略を頭に入れつつ、まずは低コストでできる実践やコミュニティベースで行う社会実験を行うことを重視します。これは、ともすればトップダウンで決まってしまいがちな意思決定と、そこから切り離されたボトムアップの諸活動をつなぎ合わせる考え方でもあり、コミュニティで展開される様々な活動と行政主導の意思決定に有機的なつながりを見出そうという点が重要です。この本では、5つの事例が示されていますが、そのうちオレゴン州ポートランド、オンタリオ州ハミルトンでは、身近な曲がり角の補修と活用を行うことを通じて、住民らが自らの町について考え、行動を起こし、それを通じて交流を深めながら地域への誇りを高めていくプロセスが示されています。また、テキサス州ダラスのオーク・クリフ地区における「よりよい住区づくり」のプロジェクトでは、地域住民らが、これまでの都市計画（土地利用、

交通)は、人を街から遠ざけ、見えないものにすることばかりだったと考え、これを変えたいと思ったところから始まります。安全な通り、人の暮らしが見える街、こうしたものを可視化するために、空き地、空き店舗、荒廃した空き建物、管理の行き届かない青空駐車場等に注目します。そこで住民自身がプロジェクトを起こしていくプロセスを考え、一つ一つ実現していくのです。それは、例えば自転車レーンを手作りでペイントすること、道路空間を使ったご近所パーティを企画し、占用許可を取得して、歩道での食事会、路肩を使った物販屋台の出店などです。こうした住区改善の動きは、全米に広がっています。

さて、本書に示される図と「戦術的」という考え方を参考に、遠野版のタクティカル・アーバニズムとは何かを考え、以下のような戦術的地域再生として図示してみようと思います。ライドン&ガルシアは、タクティカル・アーバニズムが進む都市には、「タクティシャン（戦術家）が至るところに存在する。ボトムアップ、トップダウン、そしてその間の全ての場所に。」と述べています。確かに、遠野市においても、その状況が生まれつつあります。行政のなかに、遠野市と連携する富士ゼロックスはじめキリンビールなど何社かの企業のなかに、こ

図表22　遠野版戦術的地域再生の考え方

出典：Lydon & Garacia（2015）"Tactical Urbanism: Short-term Action for Long-termChange"の図をベースに、筆者作成。

れまでのアプローチに疑問を感じる戦術家が存在し、新しい連携の形を模索しています。その結果は、本書のテーマである「未来づくり活動」ですし、ほかにもキリンビールと連携したホップ農家の育成や、遠野市をあげたビール文化づくりが進んでいます。駅前地区に関連して言えば、真夏に行われる「遠野ホップ収穫祭」は、行政、多くの企業、地域団体等が参加する実行委員会によって行われるもので、ボールの原料となるホップの収穫を、町をあげて祝うお祭りとして、8月に遠野駅近くの蔵の道広場で開催されます。遠野市民はもちろん、市外からやってくる大勢の訪問者に、遠野の名物料理とビールを楽しむ機会を提供し、大型テントでの様々な催し、ホップ畑の見学ツアー等、これまでにない大規模な交流の場が実現しています。これによって、まさに遠野市民の新しい営みが可視化されたといってもいいでしょう。これは、下の図では、行政が後押ししながら、企業も地域も連携して総力をあげたプロジェクトであり、右側に位置付けられるべきものです。そのほか、本書の編者である「遠野みらいづくりカレッジ」も、行政と企業の連携関係を基礎にできてきたものであり、右側に位置付けられます。

　これに対し、左側に位置付けられるのは、市民または移住者や学生といった民間人の発意と戦略に基づき、ほぼ自立して地域のなかで実施されているものです。遠野市では、馬搬、古民家再生、グリーンツーリズムの実践などが全域で進みつつあります。駅前地区の場合には、上記の希実さんが主導するゴブリンプロジェクト、美鈴さんが主導するちょいのみプロジェクト等があります。

　このように、地域の内外でセクターを超えて連携の形を模索し、事業を具体的に実践しながら目指す未来像に向かって一歩一歩先に進むのが、この「戦術的地域再生」の考え方です。これをより意識的に各人が行うことで、遠野のエリアマネジメントが実現していくと考えます。

8 ▶ 遠野みらい創りカレッジに期待する役割

　周知の通り、遠野みらい創りカレッジの運営母体は、複写機等で知られる富士ゼロックス株式会社です。富士ゼロックス株式会社は時代の先を行く製

品を設計・製造・販売することを本業としていますが、その製造業の現場には、大きな変化があります。

　昨今、ほとんどの製造業の現場では、各製品を個別に開発設計していくのではなく、まず複数の製品の共通部分を設計し、その共通部分の上に個々の製品を開発していく手法が採られるようになっているそうです。この共通部分となるものはプラットフォームと呼ばれ、これを事前に開発することが、製品全体のコスト、品質、基本性能を決定するとも言われています。グローバル市場において競争力を高めるために必要な開発要素とされています。

　また、最近のiOs、Android向けアプリでは、一つの開発環境で双方のアプリを同時に開発できる「クロスプラットフォーム開発」という新技術が開発され、注目を浴びています。これまでアプリケーション開発は、ターゲットプラットフォームごとに開発環境を構築し、個別にソースや実行ファイルを管理していました。しかし、様々なモバイルデバイスが普及し、複数のプラットフォーム向けにアプリケーション開発を進める必要性が高まる現在、生産性や品質に対する課題が大きくなってきたのです。このクロスプラットフォーム開発では、アプリケーション開発のターゲットプラットフォーム共通の開発環境を保持し、一つのプロジェクトからiOS, Android, Windowsなど複数ターゲットプラットフォームのネイティブ実行ファイルを作成および管理します。プラットフォーム間の同一機能は共通管理されたソース群で管理され、開発効率が非常に高くなるわけです。

　遠野みらい創りカレッジにおける共通価値の設計は、このような業界のやり方を参考に組み立てられた一種のプラットフォームづくりです。ここでいうプラットフォームとは、関連する或いは影響する業務（アプリケーション）、工程（プロセス）、そして提供価値（サービスコンテンツバリュー）の効力を向上させ、組織目標や業績達成を支援する基本モジュールや情報基盤とされます。そして提供価値、すなわちカレッジのプログラムが関与者の共通価値が創造されるような工夫（カスタマイズ）がなされていることで、参加者が高い満足や達成感を得られるのです。

　地域づくりの話し合いや実践をしていれば、同じ問題意識をもっている人がいる一方で、始めてみれば価値観が異なり、うまくいかないといったような

図表23 「みらい創り活動」からエリアマネジメントへの展開

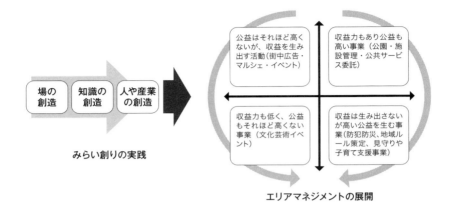

ことは日常茶飯時です。こうした人が集まって行政の審議会等を行っても、各論レベルで合意することは難しく、なかなか具体的な事業での協力まで進みません。しかし、遠野市においては、こうした人が集い、みらい創りキャンプや人材育成プログラム等を通じて対話を重ねることで、共通する中心価値とそれが実現されたときに目指すべき指標が明らかになり、それぞれが持ち場に帰って動き出す準備が整うのです。さきのゴブリンプロジェクトは、その成功例の一つといってもいいでしょう。

　エリアマネジメントは、「みらい創り」のその先の事業を持続可能にするための組織と財源の仕組みづくりです。事業を地域の利害関係者に支えられる形で継続的に行うための協議と運営組織、何で財源を稼ぎ、それをどう還元するのかという考え方、事業の成果として目指す指標を定め、定点観測しながら事業と組織の改善を図る評価の仕組みを含みます。最後の評価の仕組みはまだ新しい分野で、現在、全国エリアマネジメントネットワークで、主に大都市の中心部をケースとして指標を検討し、それを収集する取り組みを始めています。アメリカで都市中心部に設立されているエリアマネジメント団体は、通常、資産所有者の拠出金が主な財源になっていますので、地価、空室率、来街者・就業者・住民などの満足度、治安や清潔さを表す指数などが評価指標になっています。

こうした例も参考に、遠野の場合には、前述のプラットフォームを最大限に活用しながら、何を目指すのかをあらかじめ検討することが重要です。目的をもって事を起こそうという「場」に、協働的な実践活動を支えるプラットフォームが設置されたことで、学習を提供する側も、そして参加する側にも共通した価値が生まれようになりました。遠野市で協働的な実践が加速する「みらい創り」、そしてこれから取り組まれる「エリアマネジメント」でも利活用できるプラットフォームは、企業における効率性を高める基盤とは異なり、地域社会における産官学民の協働的な実践の効果を高める社会的情報基盤として評価されることになります。

　みらい創り活動は、前頁の図のように、共通価値の獲得に向けたステップアップ構造になっています。これに対し、エリアマネジメントは、価値の具現化に向けた活動の循環構造を目指しています。言ってみれば、車輪が回り出すように必要なインプットを段階的に行うのがみらい創りであり、車輪が回り出せばみらい創りカレッジの成功が見えるということです。

　ところが、車輪は簡単には回り出しません。エリアマネジメントにも、組織ができるまでのステップ構造があるからです。それが先に述べた短期的アクションであり、それを踏まえた話し合いの場づくりです。

　これから、遠野みらい創りカレッジに期待するのは、このエリアマネジメントの循環型構造が順調に回り出すまでのステップまで踏み出すことです。実際、ゴブリンプロジェクトのほか、みんなの未来共創プログラムなどでは、すでに実践されています。これをエリアマネジメント準備段階として確立させ、ぜひ、遠野駅前で実践してほしいと願います。わたしも、一般社団法人遠野みらい創りカレッジの理事として、積極的に関わっていくことはいうまでもありません。

（保井）

◎執筆協力……法政大学遠野プログラム調査メンバー（成田秀平、近藤弘志、水沼美沙樹、丸山初実、曽我部春奈、松谷優里果、佐渡果菜子、三橋良太、坂元将也、木塚友裕、座本一輝、樋野雅俊、常見亮介、吉澤亮介、佐藤義明、金井徳良）

注：

*35　木下斉「エリアイノベーションレビュー：経営からの地方再生・都市再生 No.1016」、2014年8月

*36　コンパクトシティを謳って都心開発を進めてきた青森市の商業施設が破綻したことがよく知られる。
　　　参考として、木下斉「偽物の官製成功事例を見抜く 5つのポイントなぜ「コンパクトシティ」は失敗
　　　したのか」東洋経済オンライン、2015年4月28日

*37　例えば、山下祐介・金井利之『「地方創生」の正体：なぜ地域政策は失敗するのか』ちくま新書、
　　　2015年

*38　モノからコトへ、「爆買い」から食や美容にシフトし始めた中国人観光客（日本経済新聞、2016年4
　　　月28日、中国人訪日客の消費動向「爆買い」から体験型に（毎日新聞、2016年1月27日東京夕刊）

*39　山内道雄、岩本悠、田中輝美（2015）「未来を変えた島の学校——隠岐島前発ふるさと再興への挑
　　　戦」岩波書店に詳しい。

*40　NPO法人グリーンバレー、信時正人著（2016）「神山プロジェクトの可能性〜地方創生、循環の
　　　未来について」に詳しい。

*41　以上の記述は小林重敬編著「最新エリアマネジメント」学芸出版社、2015年より抜粋。

*42　遠野市『3.11東日本大震災遠野市後方支援活動検証記録誌』

*43　毎回の滞在は、https://www.facebook.com/ikigakutono/で学生たちが記録・発信している。

*44　海外のエリアマネジメントについては、保井美樹「都市とコモンズ」細野助博・風見正三・保井美樹
　　　編『新コモンズ論』中央大学出版部、2016年等を参照。

*45　ロバート・パットナムのソーシャルキャピタルに関する代表作として、2006年の『孤独なボウリング：
　　　米国コミュニティの崩壊と再生』がある。

*46　Mike Lydon and Anthony Garcia（2015）, Tactical Urbanism: Short-term Action for Long-
　　　term Change, Island Press

5章

信頼資本による「みらい創り」
マネジメントの論理と実践

1▸カレッジの自走化に向けて

　現在、遠野や南足柄など、開発中の地域も含めて異業種の方々からの問い合わせが増加しています。また、遠野のようなカレッジを創りたいが、どのようにしたらよいのか?というお問い合わせも舞い込んでくるようになりました。異業種の支援や参入、資金援助(基金または協賛)、プログラムへの関与(運営支援)、そして共同事業化など、今後ますますカレッジのような「場」の運営は多様化することが予測されます。

　遠野のケースでは、行政との緩やかな協定からカレッジ運営が始められました。しかし、カレッジが設立されてからの2年間、富士ゼロックス(株)の定款に無い事業や、他の企業の協賛や基金の受け入れ、そして自主企画による有料募集は困難でした。そこで、カレッジを公益法人化し、行政及び企業との連携を深化させる方法を検討することとなりました。

　カレッジを公益法人化(社団法人)することで、富士ゼロックス(株)以外からの協賛要請に応えられるほか、基金を受けることで事業の安定性が高められます。また、既に実施中の「みんなの未来共創プログラム」で提案されている、他企業のカレッジへの受け入れや、プログラムの販売、そして新規事業開発に向けた共同開発など、地域のニーズを巧みに取り込んだ自主運営(自走化)が可能になるのです。

　また、講師や運営責任者として地域のリーダーを招聘することで、運営自体を徐々に地域に任せていくことも可能になります。地域創生を牽引する人材を創出しなくては、真の地域創生は実現できません。多様な企業、多様な研究団体との連携を繰り返し、カレッジの自走化を実現する人材を掘り起こすことが急務であると考えたのです。そこで考え出されたのが、次のようなカレッジ運営の基本方針と運営モデルです。

2▸カレッジ法人の運営姿勢

　遠野みらい創りカレッジの運営基本方針の中心は「交流人口を増加させる」ことで、カレッジを中心に「遠野に学びに来る人々」という新しいターゲットを

図表24　みらい創りカレッジの役割

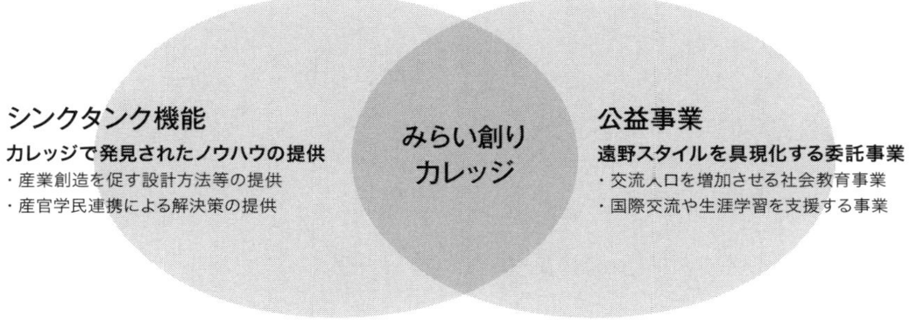

シンクタンク機能
カレッジで発見されたノウハウの提供
・産業創造を促す設計方法等の提供
・産官学民連携による解決策の提供

**みらい創り
カレッジ**

公益事業
遠野スタイルを具現化する委託事業
・交流人口を増加させる社会教育事業
・国際交流や生涯学習を支援する事業

※法人事業計画より抜粋

念頭に遠野市のまち創り政策を実現することを共同して実施していくというものでした。

その結果、初年度は3,569名、二年目は5,319名の交流人口を得ることに成功し、2年間で目標を大きく上回る立ち上がりを示すことができました。しかし、当初から行政側と、設立3年目を「本格稼動」の年にすることを狙っていましたので、3年目は新しい運営姿勢のもとで、しっかりとした「事業計画」を持つ「法人格」としてスタートすることにしたのです。

策定された運営方針の概要ですが、法人は広く世の中に「触れあうように学ぶ場」を提供し、多様な人々や組織との連携交流を図り、地域社会の課題を自ら解決しようとする人材育成を実施するものとしました。そしてその為に、地域社会へのシンクタンク機能を常に強化しながら、遠野市民や交流団体組織に対してよりよい公益事業を提供するという「提供機能」と「提供事業」の二つを明示化したのです。

カレッジでは前述の「コミュニケーション技術」と「共通価値中心設計」が扱われています。また、産官学民が連携したプログラムが実施されることで、多くの実践知が集合化されています。それらを余すことなく行政や地域社会から持ち込まれる「相談」や「課題」の解決に活用することで、学習ドリブン（主導）のソリューション（解決手段）を提供できるのです。これが「シンクタンク機能」です。

5章 信頼資本による「みらい創り」マネジメントの論理と実践　135

一方、遠野市の政策の中心である「遠野スタイル」を具現化するためには、市民目線のサービスが重要なのですが、一般論として行政主導ではなかなかうまくいかないものです。そこで、カレッジが行政からの事業委託を受けながら、社会教育事業や国際交流事業等の発案・企画・実践までを有償サービスとして参加者に提供する事業を、カレッジの運営姿勢の二つ目に据え付けたのです。

3 ▸ カレッジ運営モデルと重点事業

　カレッジの「シンクタンク機能」と「公益事業」を駆動させるためには、カレッジの事業計画を立案し、重点事業の明示化を進める必要がありました。そこで私たちは、カレッジの運営の自走化に向けて、行政側と協議の上で新たに3つの指針を決定しました。それが以下の指針です。

1	カレッジ独自の講師や人材採用を実施し、触れ合うように学ぶ為に必要な多様な人材を確保します
2	遠野市からの事業委託を受け、多様な企業組織や団体と協業して市民等に公益事業を提供します
3	参加者と共にプログラムを企画・実施し、自走化に必要な収益を得て新たな企画開発に投資します

　第一の人材の確保ですが、これまでは富士ゼロックスの人間を中心にボランティア感覚で支援者を募ったり、会社の経費もちで首都圏の企業の方々にサポートをお願いしたりして、足りない人的リソースを埋めてきました。しかし、それにも限度がありました。

　そこで、必要な人材をカレッジの裁量で探し出して、実際の運営にも参加いただくことが自走化にはとても重要だと判断したのです。

　第二の多様な企業組織や団体との協業についても、ほぼ同じ理由ですが、三点目の法人会計の仕組みを取り入れることは、カレッジの運営には不可欠でした。行政からの委託事業費と参加者の費用を収入として扱い、会社の経

図表25 みらい創りカレッジの事業モデル

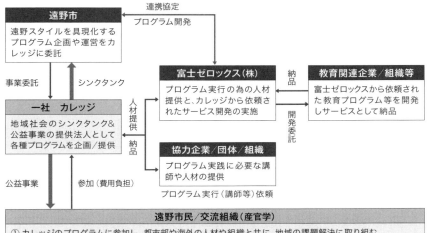

事業名	概要
交流	地域の祭典や独自企画の交流プログラムに参画する約2,000人の方々と共に、他地域との連携・交流に貢献します
暮らし・文化	東京大学のプログラムを中心に大学や企業向けのオリジナルな企画を立案し、約1,500人の参加者と共に、地域社会の若者や企業組織と共に学び、次世代のリーダー候補を育成します
産業創造	富士ゼロックス社を中心に、遠野の行政支援プログラム等に必要なサービス開発を依頼し、約500人の参加と共に子育て支援や移住促進に必要な産業創造等に貢献します

※法人事業計画より抜粋

費ではなく独立した「法人格」として支出するという運営（会計処理）なくしては「自走化」にならないからです。

　これらの指針に基づいて策定したのが、上の事業モデルです。既に概要はご紹介しましたので簡単な説明にとどめますが、遠野市の委託事業費と参加費用で自主運営する法人は、それぞれに対して「シンクタンク機能」と「公益事業（サービス）」を提供します。遠野市と富士ゼロックス（株）との連携協定は「人材提供」と「プログラム開発」を中心に維持されますが、カレッジは他の協力

企業や団体、組織とも自由に取引ができます。富士ゼロックス（株）などの企業が開発したプログラムやサービスは自社の他地域展開などで活用できます。そしてそのプログラム開発から3つの重点事業が提供されていくことになります。

4 ▶ 地域創生を牽引する人材創りが求められる背景

　さて、一般論として、地域創生実現のために根本的な課題として残っているのが、地域のリーダー的人材の創出です。遠野みらい創りカレッジが開校して2年目が始まる際に、「よし、今年は地域のリーダーを発掘しよう」と真剣に考えました。

　Field Workの設計と実施に取り組んでいる途中で、テーマ別に地域の専門家を探していたのですが、実はその専門家の皆さんが、今ではカレッジ専属の講師としてリーダーシップを発揮していただいています。さらに、民泊の受け入れ家庭の奥さんが、イタリア料理や郷土料理の専門家として、内外の研修生に調理方法の指導や地域の特産品の「市（マルシェ）」を立てていただくなど、食育の面でもリーダーシップを発揮いただけるようになってきました。設立当時を思い起こせば、信じられない程、地域との深い繋がりが生まれることとなったのです。

　このように、カレッジの運営に携わっていますと、産官学民、その中でも「民（コミュニティ組織）」にリーダーシップを発揮できる人材が存在していると、「みらい創り」活動が活発になることがとてもよくわかるようになりました。

　しかし、産官学民いずれにおいてもこれまで活動経験のない「地域創生」の現場をとりまとめ、リーダーシップを発揮する人材はなかなか見当たらないでしょう。「産（企業人）」は、地域社会になかなか溶け込むことができないばかりか、リーダーシップを発揮する前に「儲け優先の顔をしている」と思われがちです。また、「学（研究機関等）」においては、既存研究の枠内にとらわれがちで、外部との連携面でリーダーシップを発揮できるのは、実務経験のある先生に限られるようです。

　各地方行政においてはどうでしょうか。今後、地方版まち・ひと・しごと総合戦略に基づき、より具体的な地域創生事業を本格的に推進する段階に入りま

す。その際、地方行政や日本版DMO*47をはじめとした各種事業体において、地域の戦略を策定し、戦略を統合・管理する人材、個別事業の経営に当たる人材、そして第一線で中核的に活躍する人材など、様々なタイプの人材が必要となります。

　また、効果的に事業に取り組んでいくためには、客観的データに基づいて目標を設定し、計画を立案し、関係者に説明していくことが必要であり、これは、地域創生に関わる人材に求められる実務能力の一つといってもよいでしょう。しかし、限られた人材枠の中から、管理面でも実務面でも優れたリーダーシップを発揮できる人材を多く抱えている自治体はそうは多くないはずです。

　地域創生の深化に向けた様々な枠組みづくりや、それを実現していく実践的な取組には、こうした高度な専門性や実務能力を有する人材をはじめとした地域創生を牽引する人材が確保され、活躍することではじめて実現します。また、困難な状況にあっても、自らの信念に基づいて戦略を策定・実行する人材も重要です。しかしながら、産官学民、各組織において必ずしも、そのような人材が確保できていない状況にあるとの指摘があり、現に、地方から人材確保の支援を求める声も聞かれるところです。

　国主導による人材創りのための制度や研修は存在しますが、その効果的な運用やサポートとなると難しいようです。

　そのひとつに、意欲と能力のある民間人材を市町村長の補佐役（副市長、副町長など）として派遣し、戦略の策定等を支援する「地方創生人材支援制度」があります。しかし、民間事業者からこの制度で派遣された人たちにとっては、自治体業務はその範囲が広く、予算・法令等、幅広い知識が求められますし、民間の経済原理では物事が進まないなど、業務の質が大きく異なります。このような制度を活用して、短期的な成果を求めるのは酷なのかもしれません。また、民間で言えば地域の子会社出向です。その結果、残念ながら外様的な扱いを受けることもあると聞きます。折角の制度も、運用が困難であるとしたら、どうにかして地域独自でそうした補佐役を担える人材を育成しなくてはなりません。

　また、地方公共団体職員（地方公務員）の育成・研修としては、自治大学校において、古くから地方公共団体の幹部人材の育成に取り組んでいます。また、

地方4団体[*48]により設立された公益財団法人全国市町村研修財団において、市町村職員中央研修所（市町村アカデミー）、全国市町村国際文化研修所（国際文化アカデミー）を運営し、トップマネジメント層に対する短期の研修を実施しています。

　しかし、これらの育成・研修は、公務員としての働き方やルール、そして業務知識に関する内容がどうしても多くなりがちです。その結果、民間企業でのマネジメントや意思決定などの経営スキルなどを扱うパートはどうしても薄くなりがちです。また、地方公共団体の状況（職員数などの規模、財政状況等）により、参加状況が限定的である旨の指摘があります。また、政策実現のためには官民協働による地域創生の取り組みが必要です。そのためには、近年のまち・ひと・しごと総合戦略を支援できるような受講内容にするなどの工夫が必要だといえます。

　国の主導ではありませんが、法律、経営戦略、会計、そしてマーケティングなど、主に社会人教育としての専門職大学院が、産官学を問わず門戸を開いています。しかし、そうした場は限定的で、公費での派遣が難しいなど、必ずしも自己啓発を支援する機会にはなっていないのが現状です。

　私自身は総合科学技術やイノベーションを学ぶことができる技術経営の大学院で学び、地域活性化に貢献できるような新たな論理や技術の習得にチャレンジしてきました。しかし、その大学院での5年間は、特に地域創生の総合プロデュースを行うために必要な講義、演習、実習があったわけではありません。復興支援や後方支援拠点開発といったプロジェクト的な現場において、何度も失敗や小さな成功を繰り返すことで、プロデューサーとして必要なマネジメント力を身につけることができたのです。地域創生に必要な人材の育成や輩出には、制度や研修のようなものに頼っていては実現できないのかもしれません。

5 ▸ 人づくり、地域のリーダー創造に向けた課題

　コミュニティ組織のリーダー創造については、既に、地域連携や活性化を目的とした様々な主体が、精力的に取り組んでいます。今後、地域創生の取組

が各地で展開されるに当たって、地域コミュニティのリーダーのさらなる充実が図られていく必要があるものと考えられているのです。

　例えば、国立岩手大学などの地方大学においては、地元の有力企業、教育委員会、他大学等とのコラボレーションによる地域に根付いた実践的人材育成（学生の主体性重視、課題解決型の実践演習）や、地域密着型大学として学生チームを地域活動へ連携・参画させ、座学だけではなく実習を通じた学生自身のやる気を喚起するような取り組みがなされています。しかし、この分野における専門性を有する研究者の確保が困難で、文科省の金銭的支援が終了を迎えると、役割や組織が変更になり、地方での定着が進んでいません。

　また首都圏の大学においても、地方から入学した学生に対して、4年間で地域創生の実地教育を含むプログラムを実施することにより、地方に人材を還元する取り組みなど、各地で、地域創生に関わる人材の養成が行われています。しかし、東日本大震災後3年程度は積極的に取り組まれてきた研究も、今や先細りとなり継続的な研究を進めることが困難のようです。

　一方、地方公共団体職員（地方公務員）の育成・研修を担う自治大学校や市町村アカデミーにおいても、幹部人材の育成のみならず、課長クラス、課長補佐・係長クラスといった現場で中核的に事業に取り組む人材の養成にも取り組んでいます。これらの育成・研修についても、前述と同様、参加者の範囲が限定的あるいは画一的で先進性が欠け、政策立案から展開への推進力となる人材の育成には時間がかかるようです。

　それでは、専門力についてはどうでしょうか。例えば、観光やDMO分野については、観光協会の全国組織等により、全国各地でインバウンドマーケット等について、事例を用いた講義を行うなどの取組がありますが、DMO等に求められる人材を養成するために必要な専門的知識等を養成するカリキュラムが必ずしも確立していると言えない状況です。また、DMO人材を受け入れるための環境も整備されているとは言えないでしょう。

　さらに、地域創生を着実に進めていくためには、これを担う産官学民それぞれのリーダーや専門人材が適正に評価され、専門人材がキャリアアップしていくシステムが不可欠です。しかしながら、課題解決のために養成された人材の受け皿となる実践の「場」が極端に少ないこと、そしてそこでのキャリアパス

が十分に形成されていないことが最も大きな課題といえるでしょう。遠野みらい創りカレッジは、このような課題を解決することを目的に「自走化」を始めたのです。

6 ▶ 課題対応に向けた人材創り

　以上のような課題に対応するためには、関係者が広く結集し、全体としての発信力の強化を図るとともに、機運の醸成や連携の強化を図ることが求められます。同時に、地域創生を志す者が、地域や時間を問わず学べるよう、利用者の利便性向上も求められます。

　開校して3年目を向けた2016年、遠野みらい創りカレッジにおいては、前述のように地域の専門家をリーダーとして迎え入れることで、今後の人材創りを狙いとしたプログラムを開発し実践しています。

　例えば、前述の東京大学イノベーション・サマープログラムでは、地域の専門家のリーダーシップの元で、5つのField Workを実施しました。地域のリアルな課題をピックアップして、それを解決するための新たな学び方を熟考し、魅力ある教育プログラムを遠野市に提案することができました。将来を見据えて自身の学び方そのものを変革しようとする試みは、間違えなく次世代を担う若者の心や行為に変革の種を埋め込むことができたはずです。こうしたことを続けていくことが、真の人材育成につながると私たちは信じています。

　また、首都圏の企業と地域の企業、中央省庁と地方行政の連携を高める恒例の「みんなの未来共創プログラム」からは、遠野で生活しながら実践的な研究活動をしていこうとする動きが生まれ始めています。昨年度の3月6日の最終発表会では、首都圏の企業間、或いは遠野の企業間で連携した事業や商品・サービス、そして新規開発などが提案されました。そこには、2020年までの戦略がロードマップ付きで示され、遠野での具体的なアクションアイテムまで記述することができています。企業間交流による「新商品開発」の実験が着々と進んでいるのです。

　その際、遠隔地間をネットワークで結ぶシステムは不可欠です。都度地域を訪れることも重要なのですが、みんなの未来共創プログラムのように、事前ワー

クさえ実施しておれば、テレビ会議等の仕組みで情報の共有や展開が可能です。また、都心の研究所で開発するのではなく、地域の課題を目のあたりにして解決策をひねり出すこともできます。バーチャル環境でよいので、対面でのワークや実践の機会が備えられていることが人材養成の基本準備として重要だと考えています。

　私たちは、既存の大学、大学院、各種研究団体の自主性・発意を尊重することにも注目しています。地域創生を担える人材を育成するプログラムを実施している大学や民間事業者の活動については、必ずしも十分に周知されているとは言えない状況です。こうしたことから、みらい創りカレッジが地域創生を牽引する人材の育成に取り組む養成機関等のネットワークづくりを支援し、各機関の取組内容や実績を対外的に分かりやすく示すような取組を実施する必要があるのです。そのために、カレッジでは、学際連携による「拡大情報共有会」を毎年11月に都内で開催し、その年の成果としての解決策の情報交換を実践しています。カレッジではこうした企画を立案・運営、そして自らの研究成果を発表することを目的にした大学生インターンを採用してきました。立教大学、法政大学、そして今年度は東北芸工大学からも応募があり、実践的な研究を進めてきました。

　こうした活動を継続していくために必要なのは、国の主導や補助金獲得を狙いとした企業活動あるいは研究活動ではないでしょう。遠野市や南足柄市での活動のように、産官学とコミュニティ組織が総意を形成した上で、多様な参画者を得て互いに連携する「場」を形成する手順が不可欠なのです。その連携が実践される「場」で共通価値を創造する技術に基づいて生み出されるプログラムから、人材が輩出されるのです。

　遠野は既に農家民泊の伝道師、馬と共に暮らす里山の達人、フォレストパワーの活性化推進者、匠の酒蔵イノベーターなど、主体的な活動家が実践プログラムから生み出されています。彼ら彼女らの輩出は、地域創生を志す次なるイノベーターの卵たちを奮い立たせるような幅広い選択肢から、自らに適したプログラムを選んで参加することを容易にしています。

　一方、創出される「場」に必要なのは、戦略全体を統合・管理する総合プロデューサー、コミュニティにおいて戦略的な交流と連携を発揮するコミュニ

ケーション・コーディネーター、そして産業創造に欠かせない個別分野（農林水産、畜産など）についての専門家や現場の第一線で活躍する中核的人材であることは既に触れました。それぞれのカテゴリーにおいて、現場における人材のニーズや課題について、より深く調査を進め、地域創生を牽引する人材の養成・確保に向けて、プロデューサー、コーディネーター、そして専門家といった人材育成を並行して進めていくことが求められます。

　こうした取組が進展する中で、将来的には、教育・観光・産業・まちづくりなどの各分野において、人材のデータを蓄積し、それを公開することで人材のマッチングを容易にすることが求められています。地域創生人材データバンクと呼んでも差し支えないでしょう。その際、地域創生に向けたみらい創りカレッジなどの人材養成機関間の連携が深まり、「みらい創り」活動が定着していくことと相まって、地域創生を牽引する人材の能力・適性等に関する外部評価の仕組みの検討が必要となるでしょう。

　このような周辺的な仕組みづくりを中央省庁型の統一規格策定という方法ではなく、地域の実情に合わせた「みらい創り」活動を通して、地域の目線で作り出すことが重要です。そして、行政やコミュニティ組織などの人材受入側のニーズとのマッチングを図るためにも、できるだけ実際に人材を地域に住まわせながら、地域に課題解決に携わることが必要ではないかと考えています。

7 ▶ 地域の未来を創造する
　　「みらい創り」マネジメントの構造

　さて、遠野みらい創りカレッジが開校して、本年（2017年）で4年目を迎えます。今後も地域の人々を中心とした新しい学び（研究教育）の拠点として、更なる発展が求められています。そのためには、新たな目標に向かって、コミュニケーション・プロセスの第一段階から活動を開始し、多様な人や組織と人脈を形成し、多彩な視点から課題を探ることが求められています。この活動に終わりはないのです。これらの活動を繰り返し、地域が取り組むべき本質的な課題を特定し、それらを解決していく過程で企業の技術力やカレッジでのプログラムの価値が高められ、質の高い共通価値創造の実現を目指すことが、

地域社会での「みらい創り」活動なのです。

　本書の冒頭で記述したように、本書では、後方支援拠点として活躍された遠野市が取り組むべき真の課題の発見から、その解決策の実行までの官民一体となった組織的且つ協働的な実践活動を「みらい創り」活動と定義しました。この「みらい創り」に取り組むコミュニケーション・プロセスの第一段階は、大きなテーマで人間ネットワークを形成することなのですが、このプロセスで得られる資源でもっとも重要で獲得が困難なのは、関係者間の「信頼」に他なりません。何故なら、カレッジでの活動は多様な関与者間の「信頼」がベースであり、コミュニケーション・プロセスは、関与者の間の「信頼」を機軸に、関与者との関係性の質を向上させることから始まり、関与者の総意形成によってプロジェクトが生まれ、その結果、価値共創という成果が得られるからです。

　言い換えれば、「みらい創り」活動は「信頼」という資源に基づいた論理的で意図的な地域の「みらい創り」という実践活動なのです。そして、その実践にはコミュニケーションという技術が活用され、実践知が集合化されることで産官学民がハーモナイズして産業を創造するような、社会イノベーションを発生させます。「信頼」はカレッジという共創の「場」で、多様な人々の実践知によって、企業の産業創造を生み出す要素に変換されたのです。従って、「みらい創り」活動とは、社会イノベーションの源となる「信頼資本」を創出する知識経営と定義されます。

　昨今の地域社会で共通する「複雑な状況の中で課題発見が困難な場合」では、遠野市で実施して来たようなコミュニティ組織等との対話を基本とした、総意形成のプロセスをマネジメントすることが必要です。しかも、単に対話のプロセスがスムースに行われるような調整型のマネジメントを施すのではなく、遠野で行われたキャンプ等の活動全体をコミュニケーション・コーディネーターとともにリードし、設計・企画・運用・検証・定着に至るプロセス全体を理解した上で、その個別プロセスが効果的に連動するようなマネジメントを推進しなくてはならないのです。

　加えて、どの地域でも、最終的な成果や結果を得るためには、何よりもコミュニティ組織との関係性の質を高めた上で、思考や行動の質を高めるというサイクルを理解し、コミュニティ組織と共にそれらを効果的に循環させていく考

え方が重要です。このことは、コミュニケーション・プロセスと共通価値中心設計において、それぞれその第一段階の実践的な取り組みで、効果的であることが実証されています。

「みらい創り」マネジメントとは、コミュニティ組織を中心とした全ステークホルダーとの人間ネットワーク形成から始まり、最終的にコミュニティ組織全体の総意を形成するプロセス全体のマネジメントであることは前著で紹介しました。その中でも特に重要な点は、そのマネジメントが、地域社会の課題に対する解決策をコミュニティ組織の総意に基づいて導き出し、解決に向けて実践することを強力に支援するという、新しいタイプのリーダーシップであるとした箇所です。

本書ではあらためて、その「みらい創り」マネジメントを、分かり易く構造化してお伝えすることで、多くの地域創生の現場で必要な標準的なマネジメントとして実践できるように貢献したいと考えました。

「みらい創り」活動は三段階のプロセスで進められ、産官学そしてコミュニティ組織の総意で社会イノベーションを創造させます。

最初は、関与者によるコミュニケーション・プロセスの活用で「場」が創造される段階です。次は、創造された「場」で多様な知識（実践知）が集合される段階です。ここまでは、主にコミュニケーション・コーディネーターがその役割を果たします。

そして、その過程でプログラム設計者が「共通価値中心設計」を用いて描いた実践的シナリオに基づき、産官学そしてコミュニティ組織が実践的な協働作業を実施することで、人づくり、産業創造への取り組みに変換されていきます。このプロセス全体をマネジメントするのが「みらい創り」マネジメントなのです。（図表26参照）

遠野みらい創りカレッジでは、遠野市のまち創り経営戦略を事業化プランとして翻訳して地域社会に伝達しつつ、具体的且つ実践的な解決策を共創しています。また、コミュニティ組織の活性化策や伝統文化継承といった具体的な課題を分かり易くプロジェクト化し、リアルな研究としてのフィールドワークなどで活用できるプログラムにしつらえ直して学生たちの体験的学習にあてています。そして、そこから創出した具体的な地域創生の実行策を行政に提示し

図表26 みらい創りマネジメントの範囲

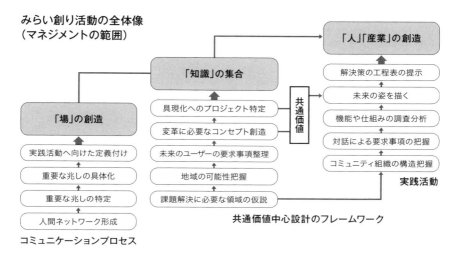

ています。このように、カレッジという「場」が、ステークホルダーの期待を取り込み、それぞれの価値に変換して、そもそもの課題を解決していくという舵取りをしていくのです。それが、みらい創りカレッジが発揮する「行政のシンクタンク機能」なのです。

　また、その「場」であるカレッジには、コミュニティ組織の潜在能力を生かす公共目的が共有されており、組織の構成員一人ひとりの「出番」を組織の合意の上で生み出すこととなります。つまり、「コミュニティ組織総意による場づくり（みらい創り）」こそが、企業の成長戦略至上主義に代わる戦略になりうることを、今回の活動で示すことができたといえるでしょう。このような「場」から、コミュニティ組織の構成員の潜在能力を開花させる状況が生まれ、コミュニティ組織の再生と、企業発展が共生するための共通基盤が誕生します。これが、地域創生の本質といえるでしょう。

8 ▶ 社会教育プラットフォームを活用した、双発的なコミュニティ創り

　私たちは、消滅危機の原因となる地域の魅力を発見し、地域の誇りを保ちつつ、若年女性人口減少阻止をサポートするのが「社会教育プラットフォーム」であり、そのプラットフォームを活用したまち創りが地方版エリアマネジメントだと考えていることは前章で述べました。

　このプラットフォーム開発は、遠野市による「ふるさとテレワーク事業」への応募がきっかけとなりました。これは、総務省が全国に公募した事業で、「地方におけるサテライトオフィス又はテレワークセンターの拠点の整備を通じて、ICTの利活用により、地方への人や仕事の流れの創出や時間や場所にとらわれない柔軟な働き方の実現、ワーク・ライフ・バランスの向上、地域の活性化に資する」ことを目的にしたものです。

　かねてより、首都圏の企業によるカレッジでの研究開発、或いは大学研究団体との共同研究、そして域内外の企業で取り組む産業創造など、多くの活用シーンがカレッジの社会教育や国際交流プログラムを通じて出現していました。それを具現化する方法として、高速インターネット通信網の整備、会議システム、そしてセキュリティ環境などの整備が求められていました。

　それらを実現するためのサービスの一部がテレワーク環境なのですが、活用シーン（コンテンツ）単位で個別設計を行うのではなく、社会教育を提供・サポートする基本モジュール機能を装備したプラットフォームを開発することで、コンテンツ開発を容易にし、短納期かつ低コストで、多様なサービスを提供することを考えたのです。

　このプラットフォームは、カレッジのプログラム実行と深く連動しているため、遠野市の政策（地域経営）に即した事業推進に活用できます。具体的には、魅力ある教育環境創りなど、遠野市の喫緊の課題解決を実現する効果的なパスを創造します。

　また、すべての参加者に対して共通のネットワーク上に、セキュアでオープンな利用環境を置いているため、遠野に居ながらにして、首都圏などの所属組織同様の働き方ができます。そして、みらい創りカレッジのネットワークを通

図表27 みらい創りカレッジが装備する「社会教育プラットフォーム」の概要

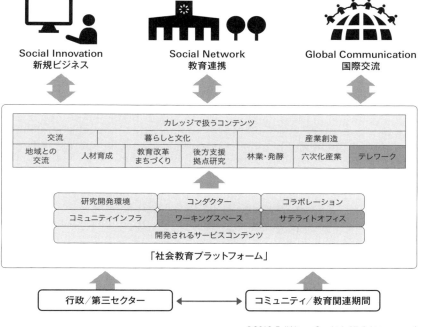

じて、他地域のカレッジとも連係が図られることで、国内外の新規事業開発のための協働・協調的な働き方ができるわけです。

このプラットフォームを装備することで可能となるのは、双発的なコミュニティ創りです。今後開発される基本モジュール上には、共通価値創造ワークショップ支援、プロジェクト・マネジメント支援（コンダクター）、そして国際的なコラボレーション支援などの産官学民が連係して課題解決に当たるコンテンツが装備される予定です。

これらのコンテンツは、遠野を中心として各カレッジに集う参加者全員が享受できるため、コミュニティ組織の連係交流がよりいっそう高められることになります。それによって、各カレッジ独自の取り組みが、他の地域のコミュニティ組織での総意や成果の総和として現れ、個別の取り組みが一挙に他拠点との相互作用を生み出しながら、一地域では成し遂げられなかった成果に結びつ

くことが予想されます。これが、双発的コミュニティ創りです。

　この成果は、発信元のコミュニティ組織から企業や行政を中継点として各地のカレッジや、そこのコミュニティ組織に伝播します。当然ですが、地域の魅力や伝統、それを繋いでいる誇りといったアイデンティティも一緒に交信されることになります。各地では同様のコンテンツが地域の実情に合ったプログラムにカスタマイズされながら、中高一貫プログラム等に活用されることで、地域の魅力や誇りがリアルタイムに再確認・再認識されることになります。

　その結果、若者の都心への流出という大きな流れは食い止められないものの、地域での活躍を希望する若者、それを支えるコミュニティ組織、そして未来をリアルに見つめながら暮らす「若い女性たち」。コミュニティの魅力を知り、誇りを保とうとするリアルチェンジオーダーをもった人々が、各地域の「みらい創り」を、我が事として取り組んでいくことになるでしょう。それが、地域経営をも支えることになるのです。

9▸今後の「新・みらい創り」活動
──次世代への継承

　前述の高校生主体のプログラムが定着してきたことで、行政側から「魅力ある教育環境創造をテーマにしたプログラムを動かしてほしい」との要望が2016年5月にカレッジに持ち込まれました。これについては第二章でもご紹介しましたが、人口減が顕著な地域では、中学校や高等学校の再編計画が進みつつあるのです。遠野市も例外ではありません。高等学校の定員割れ現象が定常化したことから、岩手県教育委員会が「県立遠野高等学校」と「県立遠野緑峰高等学校」の統合を検討していることが明らかになったのです。

　中学生の進学先である高等学校の魅力を高めるためのプログラムの開発は、このような背景の中でスタートしました。これが、現在私たちが取り組んでいる新たな「社会教育・国際交流・生涯学習」モデル創造、すなわち「新・みらい創り」活動へのドライブとなったのです。

　2016年9月22日〜23日の2日間で、産業能率大学主催の「地域連携による課題探索学習研究会」が遠野みらい創りカレッジで開催されました。開かれ

た学校、コミュニティ・スクール、学校・家庭・地域の連携など、学校と地域の連携を推進していくべきであるということは以前から議論され、少しずつですが実際に実践されています。しかし、高等学校と連携する対象の地域とは何か、どのようなことをすれば連携といえるのか、そして連携によってどのような効果が期待できるのかといった研究はまだ始まったばかりです。

　高等学校と地域コミュニティとの関係性は、中学校区に比べて希薄であることは感覚的にわかります。実際、高等学校は小・中学校に比べて通学圏が曖昧であり、学校が所在する地域と生徒の居住地域が一致しないのです。とはいえ、本書の第一章で扱った定義にあてはめれば、ここで言う連携とは「高等学校が、所属する区域の行政組織や企業、そしてコミュニティ組織と連絡を密に取り合い、特定された課題解決のために一緒にプロジェクト活動をすること」になるでしょう。コミュニティとの関係性が希薄な状況において、高校生が主体的に合同的なプロジェクト活動ができるでしょうか？

　高等学校と地域コミュニティとの連携に関する研究[49]では、連携を進めることで高校生にとっての価値を3点上げています。

① 地域に対しての興味や問題意識が高まる
② 地域に対しての概念や価値を習得し、より広い地域観を構築できる
③ 地域における現在の問題を知り、解決に向けて行動できるように訓練される

　さらに、学校組織、そして地域コミュニティ、各々の共通価値については以下のようにまとめています。

図表28　高等学校の地域連携による共通価値

関与組織（個人）	共通価値
高校生	情緒的発達の促進や興味、問題意識の醸成
学校組織	教員の意識向上や学校の体制の変化
地域コミュニティ	地域が抱える問題の解決や活性化（地域づくり）

5章　信頼資本による「みらい創り」マネジメントの論理と実践　151

この研究会では、島根県隠岐の島前高等学校や、岐阜県可児市の可児高等学校の取り組みを事例として議論が進められました。島前高等学校では高校生が地域課題を解決するために探究・実践する「地域学」という科目があり、学習を通じた地域貢献を実践しています。そこでは、島全体が「学校」で、地域の方が「先生」となり、ICTを活用してグローバルに学び行動に移すことが重点方針とされています。

このような関与者の共通価値を創造する協働的学習と実践は、遠野みらい創りカレッジの方針と同様、関与者の中からのリーダー育成に結びつきます。地域のことは地域でまかなう。そのためには、コミュニティ組織との連携が不可欠であり、しかも中学生の頃から学習と実践を試みることで「確実に関与者（組織）の意識が変わる」ことを、私たちも実感しているのです。

だからこそ、2014年10月初旬に、Jリーグの村井チェアマンを招いたカレッジでの対話会を開催した際の、中学生や高校生自身が感じた「自らの夢は自ら描いてみたい」との重要な兆しの実現に向け、中学・高校と一貫した取り組みをカレッジで提供できないか研究してきたのです。

昨今、世間一般で言われている中高一貫教育とは、「従来の中学校・高等学校の制度に加えて，生徒や保護者が6年間の一貫した教育課程や学習環境の下で学ぶ機会をも選択できるようにすることにより，中等教育の一層の多様化を推進し，生徒一人一人の個性をより重視した教育の実現を目指すもの」と扱われ、平成22年4月現在、全国402校で導入されてきました。

しかし、現在、国公立の半数以上の学校で「教職員の負担増」が課題とされ、生徒の個性や創造力を伸ばすことと、学力増進を並行して進めることの困難性が浮き彫りになっているようです。

地方に目を向けますと、地元の中学校から「地元で唯一の普通高校」に入学するという、地方版中高一貫的な教育環境が存在します。遠野市では、お隣の釜石市や花巻市の県立高校へ入学する生徒さんが15％程度いらっしゃるとはいえ、少子化に伴い「地元化」は着実に進んでいるようです。

その一方で、県立の実業高校の定員割れが顕著なことから、県立高校の統廃合も全国規模で実施されています。前述の通り、遠野市でも岩手県教育委員からそのような打診があり「中学の次は高校か…」と嘆く市民の皆さんも多

写真 21 グローバル経営塾でのコーチングの風景（提供；早稲田塾）

いようです。

　「遠野みらい創りカレッジ」は 3 年目を迎えていますので、カレッジの中学生向けプログラムで知り合うこととなった中学生が高校 2 年生になり、だいぶ大人びた雰囲気を振りまきながら、高校生向けのプログラムに参加してきます。さらに、カレッジには小学生が参加するプログラムもあるため、中学校での対話会を覗いてみると、どこかで見た顔が私たちを見つめ返します。遠野では自然な「小中高一貫教育」的な環境があるといっても過言ではないでしょう。

　そこで、カレッジではその小学生や中学生を積極的に勧誘して、国際交流プログラム（2016 年度はテキサス州ヒューストン）や首都圏の高校生の課外活動（AO 入試受験を目的とした Field Work）の Work Shop や対外発表の場での交流を促進しています。そして、その子たちが高校生になると、「東京大学イノベーション・サマープログラム」や「高校生のためのインターンシップ体験」に積極的に応募してくるのです。

　このように、遠野版小中高一貫教育環境を補完するカレッジのプログラムを充実させることで、遠野市の隣接地域や県外から、この地域（遠野、釜石、花巻）への受験生が増加することも夢ではないでしょう。この地域に来れば、「個

5 章　信頼資本による「みらい創り」マネジメントの論理と実践　153

性や創造力を伸ばしてくれる」「AO入試にもチャレンジできる」そして「専門性が身につく」といった、この地域ならではの社会教育あるいは国際交流が、事業として提供できる環境があることが、地域の強みになるのです。「子育てするなら遠野」を出発点に、「創造力を高めるなら遠野」へと更に進化させていくのが私たちの役目だと考えています。

　中学校再編、高等学校統合化、一見脅威或いはピンチとなる状況をチャンスに変えていくことこそ、地域再生に求められる経営感覚なのではないでしょうか。反対運動を繰り返し、大人の事情で重要な兆しをつぶしてはいけないのです。

　このような活動を通じて、私たちが「みらい創り」活動の対象としていた産官学民以外に、夢を抱いた次世代を担う若者たち（＝Next Generation、頭文字をとってN）が加わることとなりました。既に、高校生との交流は進んでいたので、小中学校の生徒さんたちが10年以内にコミュニティ組織の一員として、「みらい創り」活動に参画するプログラムが確立されることで、将来は「産官学民」＆「N」が連携した、「新・みらい創り」活動が実現されるでしょう。人口減少の中で創出される「学習」をベースにした地域創生です。

　地域の未来を創造するために必要なのは、「産官学民」＆「N」の総意をひとつにする「実践知」です。そこから未来を創り上げる「場」が生み出されます。次に、未来を創造するために必要なのは協働的な実践活動です。そこからは、地域創生を牽引する「人材」が生み出されます。そしてその人材を生み出すために必要なのは、「新・みらい創り」を協働で取組む組織や人々への、実践的なマネジメントです。そこから、地域の産業を生み出す「社会イノベーション」が生み出されていくのです。

　この「場」「人材」「社会イノベーション」の3つのエレメントを連鎖・連動させる「新・みらい創り」活動に必要な対象と要件は、全てコミュニティ組織の中にあります。第一に地域で大切に育まれる、次世代を担う子供たちです。かれらは「学習による成長」要件を習得し、「新・みらい創り」の主人公になります。そして第二は、その子らを育てる家族やコミュニティ組織です。この社会的組織は「学習による人材育成」要件を生み出す「新・みらい創り」の温床になります。そして第三は、社会的組織の安全安心を約束するみらい創りカ

レッジのような協働的な行政サービス（実践）です。この協働的な実践は「社会イノベーション」要件を普及させる「新・みらい創り」活動の実践の「場」になります。

　企業や研究団体は、これら3種類のエレメント、活動対象、そして要件を理解・認識した上で、地域の課題発見とその解決に向けて、協働的な知識経営の実践に取組まなければなりません。

10▶誰も行かなかった道を選ぶ

　私たちは、復興推進活動の現場において、例えば女川町のコミュニティ形成事業に取り組むとき、どのような過酷な状況下でも関係者をまとめ上げて、地域住民の関係性の向上に真剣に向き合う、「熱い人々」が多数いることを目の当たりにしてきました。また、防ぐことのできない自然災害からの復興に立ち向かった多くの方々から、声を出さずとも「このピンチを絶対チャンスに変えてやるぞ」という熱意が感じられた経験も多々あります。この、ピンチをチャンスに変えるという、発想力を超えた「構想力」こそが、被災地の復興を支えてきたのです。

　しかし、多くの場合私たちは、現行ルールや制度を意識しすぎて、チャンスに変えるという意欲を失いがちです。企業組織においても、ピンチやリスクの対処方法ばかりが先行してしまい、絶好の機会を捉えることなく「リスク対応力」を成果指標に当ててしまうことも稀ではありません。

　第二章でも触れましたが、例えば遠野市において県立高校の統合化がすすめられていることの回避策を議論するだけでなく、むしろこの統合化によって教育環境を大きく変化させるチャンスだと捉えなくてはならないのです。ところが、教育プログラムをカレッジと協調しながら開発していこうという動きなどは、どちらかというと型破りな考え方として排除されがちなのです。

　他地域の例ですが、通行量が減っていくことを問題視せず、むしろ道路の空間が空いて使えるようになったと捉えて「すわろうテラス」を経営している札幌大通地区は、多数の市民や観光客の憩いの空間を創造しました。また、里山離れが進んでいくことを嘆くのではなく、稀有な自然環境を活用した「心

5章　信頼資本による「みらい創り」マネジメントの論理と実践　155

と体が潤う場」創りを産官学民が一体となって取り組んでいる神奈川県南足柄市の取り組みも同様です（前述）。従来にない構想力で、子供たちが里山に集まることで、多くのコミュニティ組織をも巻き込んだ、潤いの空間（場）を創造しているのです。

これらの取り組みで共通しているのは、自立した民間が本業（＝稼ぎ）と真剣に向き合い、新たなまち創りを推進しようとする行政が、規制緩和などの権限を行使したり、時に地区を越えた協力関係を強化したりしながら、現実的で協働・協調的な事業を作り出している点だといえます。

「遠野みらい創りカレッジ」では、前述の共通価値中心設計を利用して学習や研修プログラムの設計をしていますが、その初期段階の関係性構築においてよく聞かれるのは、やはりリスクをどのように回避するのかです。また、新規開拓や新技術といった「新」がつく試みに二の足を踏む傾向も見受けられました。

そこで、米ゼロックス社のカンパニーフィロソフィーを語るときに取り上げられる詩をご紹介したいと思います。

　森の中でふたまたの道があり
　一方は、踏みならされ
　もう一方は、だれも通った跡がなかった。
　私は、後者を選んだ。
　それが、大きな違いをもたらした。
　　　　　　　＊ロバート・フロスト「Road Not Taken（行かなかった道）」

今ではあまり語り継がれていないのが残念なのですが、ゼロックス諸兄は、私たちが困難に直面した際、必ずこの詩を取り上げてチャレンジ精神の尊さを説いてくれました。ゼロックスがこの世に誕生して以来、幾多の困難な事態や障壁が立ちふさがってきましたが、常に失敗をおそれず勇気をもって克服してきた先人の偉業を糧として、現在の私たちにも進取の気鋭でことに当たることを示唆しているのです。

ピンチをチャンスに変える構想力とは、通例にとらわれない、「みんなの未来」

を見据えた発想力に基づくものです。一般論ですが、長い間同様の経営環境が続くと、ついつい前例に縛られ「型破りな発想」をベースにした構想は排除されがちです。魅力が見えなくなり、誇りを失うことに加え、変化を厭わない構想力が欠如することが企業経営の硬直化を招いたり、地域経営消滅を加速したりする要因といえるのではないでしょうか。

それでは、これらの阻害要因に「産官学民」は、どのように立ち向かい、消滅危機を乗り越えていけばよいのでしょうか？

3年目を迎えた遠野みらい創りカレッジでは、他大学の学生や研究者とのコラボレーションを前提とした遠野の未来を育む子育て支援と教育改革、大災害からの復興支援活動の経験を踏まえた後方支援拠点研究、健康長寿社会の具現化、馬文化の再生活用などを含む遠野の産業の創造的な発展などの大きな研究課題と、それらを補完するField Workの構築に取り組んでいます。これらは、地域の課題を解決する手段なのですが、カレッジのプログラムで設計されたコミュニケーション・プロセスで実践されて初めて、地域社会と企業や研究者間の共通価値創造が実現されるものです。

今、遠野・南足柄各地のカレッジ（或いはプロジェクト）でプログラム開発に取り組んで痛感するのは、伝統文化や産業の継承発展の中で人々の間に蓄積されてきた社会資本や文化資本、すなわち、人々の暮らしの中で知識や文化の厚みを人から人へと伝承して、創造的に発展させていく仕組みが重要だということです。

その意味でみらい創りカレッジは、地域の人々の営みの中で人が持つ「無形財産」やそこから生み出された「有形資産」を大事にしつつ、地域の匠の持つ技術、起業家の持つ開拓精神などが交流する場として、絶えず新たな研究課題を明らかにして継続的に共同研究やプログラム開発を行うのに最適だと考えています。

ここでは、「産官学民」＆「N」のネットワークによって「遠野でなければできない新たな共通価値」を生み出しながら、その成果を現実の教育現場、産業創造、そして情報発信の場で生かさねばなりません。なぜなら、地域で扱われる価値の共有はこのような過程を経て生まれるからです。

もう半世紀以上前になりますが、高度成長期には都市に人口が集中し、世

帯数が爆発的に増加していきました。工業化が進展してモノが溢れ、その一方で農林漁業が衰退し、農山魚村は過疎化が進みました。そして現在、国中で人口減が著しい日本では、先端技術をベースにした生産性向上やソフト開発、サービス産業化こそが競争力を高める手段であるといわれてきました。そんな中、ゆとり教育の善悪が物議をかもしだし、教育や学習は経営戦略の本筋ではないとの扱いを受けてきました。そして、私たちは、教育を受けている、或いは受けてきた人々が当たり前のように増えることで、教育や学習が本来果たす役割について考えることがほとんどなくなってきたような気さえします。

　しかし、受験戦争に勝ち抜くための「学習塾」が教育や学習の事業モデルになってから久しく、競争戦略論や組織戦略論ではなく「学習」を冠にいただいた経営を説く書籍を目にすることが多くなりました。「教育」とは、教育する側が「必要である」と考えることを教えていく行為である一方、「学習」は学ぶ側が「必要である」と考えることを吸収する行為といわれています。遠野みらい創りカレッジでの「触れ合うように学ぶ」という行為や環境はチームでの学習にほかなりません。チームでの学習は、個人が個別に学習しては到底達成し得ないような高度なレベルでの学習を可能にするといわれますが、産官学民が「N」と学びあうことで、それぞれが「必要である」と考えていることを吸収することができます。そして、様々な世代の学習を通じてリーダー的人材が醸成され、彼ら彼女らによる社会教育、国際交流、そして生涯学習プログラムが世代を超えて共有されます。これが、「新・みらい創り」活動のエッセンスなのです。

　最初のカレッジが誕生することとなった遠野市は、柳田國男によって民俗学の故郷として世に出ましたが、その基礎に、山奈宗真・伊能嘉矩・佐々木喜善・鈴木重雄などの先駆者たちの貴重な業績があります。また、災害復興支援においても貴重な人材を輩出し、最近では、起業家を育む地域として発展する兆しさえ見えてきました。地域のリーダーを中心に発展してきた独自の学習環境が、面々と受け継がれてきたのです。

　第二のカレッジが誕生しようとしている南足柄市も、多くの貴重な自然や文化の宝庫です。曹洞宗の修験寺である「大雄山最乗寺」や、東海道の間道（脇道）として古くから利用されてきた「足柄古道」などを訪れるだけで、いにし

えの文化や生活を体感できます。また、水利を目的に進出した企業の生産・研究開発拠点として、そして交通の要所として多くの人々が交流を繰り返してきました。来月には、この地で心と体を潤わせる学習の「場」が創造されようとしています。

　そして、第三の拠点、北海道の白老町のみらい創りに向けた協働作業が2016年の8月からスタートしました。白老もまた多くの自然や文化を、町民が主体となって育んできました。この地には日本人が入植するはるか以前から、アイヌコタン（アイヌの大集落）がありました。古文書にもいくつかのコタン名が記載されており、現在でもアイヌ人の血を引く人たちが多く住んでいます。また、畜産の中でも競走馬の生産が盛んで、「オルフェーブル」を筆頭に、多くの名馬が社台地区の「白老ファーム」から輩出されています。この白老町のみらいを創造しようと、地元企業や行政の若手が立ち上がり、みらい創りプロジェクトの先頭に立っているのです。協働のまち創りの先にあるのは、多文化共生を学びあう学習による「地域創生」になることでしょう。

　これらの人間ネットワークが、次世代を担う若者を中心に、地域の行政、首都圏の企業、大学などの研究機関との交流を通じた学習から、短期的な成果としての共通価値だけでなく、多くの地域のリーダーを輩出することになるでしょう。そして、真に地域社会を愛する多くの後継者たちが、カレッジを活用し、世界に通用する人材として成長していくことを私たちは願っています。

　各地に設立される「みらい創りカレッジ」が、これらの実現に向けて、今後も地域への価値提供を実践し続けていくために、「新・みらい創り」活動を推進しつつ、新たなプログラムを開発していくことをサポートし続けることが、私たちの使命だと考えています。

（樋口／保井）

注：

*47 47；Destination Management Organization；様々な地域資源を組み合わせた観光地の一体的な
ブランドづくり、ウェブ・SNS等を活用した情報発信・プロモーション、効果的なマーケティング。戦
略策定等について、地域が主体となって行う観光地域づくりの推進主体。
*48 全国市長会、全国町村会、全国市議会議長会、全国長村議会議長会。
*49 小仲一輝「高等学校における地域連携に関する一考察」京都教育大学教育実践研究紀要第13号、
2013

あとがき

　本書が出版される頃には、遠野郷にも遅い春が訪れていることでしょう。この地域ならではの知恵や工夫で厳しい寒さを乗り越えてきた人々は、秋の収穫に向けた作業に取りかかり始めるのです。同じように、遠野みらい創りカレッジも4年目の始動を開始します。昨年の夏から秋にかけて、カレッジでは本当に多くのコミュニティの皆様にお世話になりました。高校生や大学生が何度となく調査に訪れても、いやな顔ひとつしないでご対応いただいた皆様方には、ただただ頭が下がるばかりです。そして春の訪れを待ち焦がれてきた遠野の人々とともに、これからもカレッジを運営していけることを大変嬉しく思います。

　2017年5月に待望の「南足柄みらい創りカレッジ」が開校となります。大雄山最乗寺や夕日の滝などの非日常の空間で、多様な方々と一年をかけて南足柄の未来を考えてまいりました。各地区のコミュニティの皆様とも、最初はぎこちなかった挨拶が、笑顔で地域の話題を取り上げて語り合えるまでになってきました。「心と体が潤う場」としてのカレッジでは、遠野とは一味違った双発的な学び合いが進むことでしょう。日常に心身ともに疲れきった首都圏の人々から愛される地域、活用されるカレッジになるべく、産官学民の連携を密にして運営にあたりたいと思います。

　カレッジが2拠点目になることで、大規模災害時の後方支援拠点機能の水平連携という、これまでどこの地域も取り組むことがなかった、有事を想定した平時の産官学民による協働的実践活動がスタートします。この取り組みの原点となった岩手県内の「東北みらい創りサマースクール」の実行委員の皆様、そして「遠野みらい創りカレッジ」の後方支援拠点研究会に参画いただいた多くの自治体の職員の民様には、この場を借りて深く御礼を申し上げます。そして、日頃のカレッジの活動を主催或いはご支援いただいた遠野市役所の皆様にも、厚く御礼を申し上げます。

　北海道白老町、そして長崎県壱岐市において、みらい創りプロジェクトが進められ、市民・町民協働のまち創り（地域創生）が本格化しています。くしくも両地域ともに戸田町長、白川市長自らが遠野市に訪れ、カレッジの取り組みを

ご覧いただくことでプロジェクトが一気に加速されたと伺いました。両地域の皆様にも重ねて御礼を申し上げます。

　そして最後に、2年連続で出版の機会を与えていただきまた適確なサジェスチョンをいただいた水曜社の仙道社長にこの場を借りて厚く御礼申し上げます。

　遠野みらい創りカレッジから北東へ進んだ貞任高原では、風力発電の43機がゆっくりと、そして悠然とその仕事を繰り返しています。風車に向かって車を走らせていくと、木立の影をリスが駆け抜け、カモシカが驚いたように振り向きます。そして、鹿の親子がいそいそと車道を横切ります。人為的な開発にもひるむことない自然豊かな里山に、そしてそこで暮らす人々に対して改めて敬意を表するとともに、今後も皆様にカレッジの運営にご協力いただきますことをお願いして、本書のあとがきとさせていただきます。

2017年4月吉日

　　　　　　　　　遠野みらい創りカレッジ　代表理事　樋口邦史
　　　　　　　　　　　　　　　　　　　　　理事　　　保井美樹

◎遠野みらい創りカレッジとは

東日本大震災の被災地を後方から支援した遠野市と、復興支援を継続的な活動として実践する富士ゼロックス(株)が、行政・企業組織の枠組みを超えて"触れあうように学ぶ場"として2014年4月に開校したのが「遠野みらい創りカレッジ」である。年間延べ約5,000名の人々が「学びあい」を目的に訪れ、農家民泊やField Workなどの体験を通じて、遠野市の交流人口拡大に貢献している。本書は、産官学民が連携して進める「学びあいの場」における「地域創生」のすすめ方を主題としており、関与者の共通価値を創造する「地域マネジメントの論理」を示している。

◎執筆

編著：樋口邦史（ひぐち くにし）
1983年成城大学経済学部卒業、同年富士ゼロックス株式会社入社、Global Service営業・企画部門を経て、現在復興推進室室長。
2011年3月東京理科大学専門職大学院　総合科学技術経営専攻卒業、同年東京理科大学大学院イノベーション研究科イノベーション専攻博士後期課程へ進学。2014年3月単位取得満期退学（技術経営修士）。同年4月遠野みらい創りカレッジ設立において中心的な役割を担う。現在、一般社団法人　遠野みらい創りカレッジ代表理事。

著者：保井美樹（やすい みき）
1991年早稲田大学政治経済学部政治学科卒業。1997年New York University, Robert F. Wagner Graduate School of Public Service, Urban Planning 修士課程修了。2001-2004年 東京大学先端科学技術研究センター特任助手。
2003年東京大学にて博士号取得2004年法政大学現代福祉学部専任講師。2005年法政大学現代福祉学部・人間社会研究科　准教授。2010年London School of Economics（LSE）客員研究員。2012年から現在　法政大学現代福祉学部・人間社会研究科教授。一般社団法人遠野みらい創りカレッジ理事

学びあいの場が育てる地域創生

産官学民の協働実践

発行日	2017年4月27日　初版第一刷
	2018年9月25日　初版第二刷

編者	一般社団法人 遠野みらい創りカレッジ
発行人	仙道弘生
発行所	株式会社 水曜社
	160-0022
	東京都新宿区新宿1-14-12
	tel 03-3351-8768　fax 03-5362-7279
	URL suiyosha.hondana.jp/
装幀	井川祥子（iga3 office）
印刷	日本ハイコム株式会社

©Tonocollege 2017, Printed in Japan
ISBN 978-4-88065-412-6 C0036

本書の無断複製（コピー）は、著作権法上の例外を除き、著作権侵害となります。
定価はカバーに表示してあります。落丁・乱丁本はお取り替えいたします。

地域社会の明日を描く──

文化と固有価値のまちづくり
人間復興と地域再生のために
池上惇 著
2,800 円

災害資本主義と「復興災害」
人間復興と地域生活再生のために
池田清 著
2,700 円

文化資本としてのデザイン活動
ラテンアメリカ諸国の新潮流
鈴木美和子 著
2,500 円

障害者の芸術表現
共生的なまちづくりにむけて
川井田祥子 著
2,500 円

固有価値の地域観光論
京都の文化政策と市民による観光創造
冨本真理子 著
2,700 円

アーツマネジメント学
芸術の営みを支える理論と実践的展開
小暮宣雄 著
2,800 円

文化財の価値を評価する
景観・観光・まちづくり
垣内恵美子 編著
岩本博幸・氏家清和・奥山忠裕・児玉剛史 著
2,800 円

官民協働の文化政策
人材・資金・場
松本茂章 著
2,800 円

公共文化施設の公共性
運営・連携・哲学
藤野一夫 編
3,200 円

愛される音楽ホールのつくりかた
沖縄シュガーホールとコミュニティ
中村透 著
2,700 円

チケットを売り切る劇場
兵庫県立芸術文化センターの軌跡
垣内恵美子・林伸光 編著
佐渡裕 特別対談
2,500 円

文化芸術振興の基本法と条例
文化政策の法的基盤 I
根木昭・佐藤良子 著
2,500 円

公共ホールと劇場・音楽堂法
文化政策の法的基盤 II
根木昭・佐藤良子 著
2,500 円

全国の書店でお買い求めください。価格はすべて税別です。

地域社会の明日を描く──

無形学へ　かたちになる前の思考
まちづくりを俯瞰する5つの視座

後藤春彦 編著
3,000 円

包摂都市のレジリエンス
理念モデルと実践モデルの構築

大阪市立大学都市研究プラザ
阿部昌樹・水内俊雄・岡野浩・全泓奎 編
3,000 円

防災福祉のまちづくり
公助・自助・互助・共助

川村匡由 著
2,500 円

都市と堤防
水辺の暮らしを守るまちづくり

難波匡甫 著
2,500 円

町屋・古民家再生の経済学
なぜこの土地に多くの人々が訪ねてくるのか

山崎茂雄 編著
野村康則・安嶋是晴・浅沼美忠 共著
1,800 円

アートの力と地域イノベーション
芸術系大学と市民の創造的協働

本田洋一 編
2,500 円

地域社会の未来をひらく
遠野・京都二都をつなぐ物語

遠野みらい創りカレッジ 編著
2,500 円

トリエンナーレはなにをめざすのか
都市型芸術祭の意義と展望

吉田隆之 著
2,800 円

日本の文化施設を歩く
官民協働のまちづくり

松本茂章 著
3,200 円

パブリックアートの展開と到達点
アートの公共性・地域文化の再生・芸術文化の未来

松尾豊 著
藤嶋俊會・伊藤裕夫 附論
3,000 円

地域創生の産業システム
もの・ひと・まちづくりの技と文化

十名直喜 編著
2,500 円

創造の場から創造のまちへ
クリエイティブシティのクオリア

萩原雅也 著
2,700 円

医学を基礎とするまちづくり
Medicine-Based Town

細井裕司・後藤春彦 編著
2,700 円

全国の書店でお買い求めください。価格はすべて税別です。

文化とまちづくり叢書 地域社会の明日を描く──

地域社会の未来をひらく
遠野・京都二都をつなぐ物語

遠野みらい創りカレッジ 編著　2,500円

遠野での暮らし・営み・交流。
地域創生への想いと課題を
地に着いた目線で書き記した
これからの地方創生を考える1冊

全国の書店でお買い求めください。価格はすべて税別です。